■ BARKERBOOKS

El espíritu de la novia

Derechos Reservados. © 2024, *Karla Medaglia*

Edición: Alexis González | BARKER BOOKS®
Fotografía de Portada: Pablo Beita Photography. www.pablobeita.com
Fotografías de Interiores: Mainor Cortés Photography. www.minorcortes.com
Diseño de Interiores: José Luis Vazquez | BARKER BOOKS®

Primera edición. Publicado por BARKER BOOKS®

I.S.B.N. Paperback | 979-8-89558-416-3
I.S.B.N. Hardcover | 979-8-89558-417-0
I.S.B.N. eBook | 979-8-89558-415-6

Derechos de Autor - Número de control Library of Congress: 1-14514035682

Barker Publishing, LLC
Tacoma, WA
https://barkerbooks.com
publishing@barkerbooks.com

El espíritu de la Novia

Karla Medaglia

BARKERBOOKS

El espíritu de la Novia...

tu camino hacia El Altar...

Agradecimientos

Al Señor Jesús, quien por medio de su bondad ha producido en mi vida una nueva forma de pensar y, por tanto, de vivir.

A mis hijos, Adolfo y Pamela, Mariana y Franco, quienes por creer en Jesús son parte vital de esta historia al enseñarme a conocer más de cerca el corazón de Dios para con sus hijos.

A mi esposo Miguel Benavides, con su corazón de siervo, quien es único, maravilloso e irrepetible y es la manifestación del amor y de un Dios que me escucha y me ama inmensurablemente.

Índice

Prólogos

María Marta Chaverri Rivera

Mucho he leído últimamente sobre novias, pero este libro es diferente; tiene que ver con la esencia y la sustancia del espíritu que cubre y llena a una mujer en determinado momento y la potencia hacia su propia naturaleza.

El espíritu, como lo dice la Real Academia Española, se relaciona con el «principio generador, carácter íntimo, esencia o sustancia de algo» y, en este caso, de una novia; un ser único y especial que busca en su interioridad, en su espiritualidad, su razón de ser. Este es un libro especial para mujeres, aunque los varones también lo pueden ojear. Es un libro que quita velos, desempaña los espejos y ventanas, y abre puertas hacia un mundo nuevo, hermoso, de realidades y de sueños por cumplir, relacionado con el tesoro más escondido del corazón de la mujer: ser novia.

El espíritu también es considerado como el «vigor natural y virtud que alienta y fortifica el cuerpo para obrar» (Real Academia Española). Por esta razón, el espíritu hace que la novia sea activada en aspectos no solo fisiológicos, sociales o naturales, sino —y lo más importante— en aspectos espirituales propios y determinantes del ser humano. Y es que la cultura actual y el progresismo que la caracteriza han querido influir en los valores y principios que han guiado a la sociedad durante milenios, obviando o dando menos importancia a la parte espiritual, que es lo que identifica y hace único al hombre, y le da carácter, dignidad y esencia inconmovible e indestructible.

13

Es en este ámbito que se mueve *El Espíritu de la Novia*, y creo que cualquier mujer que se encuentre en la antesala de convertirse en novia, o lo anhele, aprenderá muchos principios invaluables para ese momento que la guiarán por la senda correcta diseñada por el Creador desde antes de la fundación del mundo. Este libro trae enseñanzas muy prácticas, meditaciones sobre la situación que está viviendo y las creencias correctas o no que se tienen sobre el asunto. Podrá meditar, aprender, cambiar o no de opinión, pero algo importante es que disfrutará momentos de desafío para llegar a un final feliz.

James Taylor y Milena Guevara
Pastores Generales de la Iglesia Semilla de Mostaza, Santa Ana, Costa Rica

Al leer *El espíritu de la novia*, nos vimos profundamente conmovidos por las lecciones y experiencias que Karla comparte de manera tan íntima y sincera. Este libro no es simplemente una guía para quienes buscan el amor o se preparan para el matrimonio, sino una invitación a un viaje personal de autodescubrimiento, fe y transformación.

Desde las primeras páginas, se nota la pasión de Karla por transmitir la sabiduría de Dios que ha transformado su vida. A través de sus palabras, nos invita a reflexionar sobre la identidad como mujeres, su relación con Dios y el propósito que Él tiene para cada una de ellas. No se trata de un simple manual para encontrar pareja; este libro es mucho más profundo, llevando a las lectoras a comprender su valor, su papel en el plan divino y cómo prepararse para recibir y dar amor de una manera que refleje la gracia y el diseño de Dios.

Una de las cosas que más nos impactó fue cómo Karla entrelaza su propia historia con las enseñanzas y el consejo de Dios, conectando el proceso de preparación para el matrimonio con el concepto espiritual de ser la novia de Cristo. Cada lección, cada consejo, está anclado en la fe, y se siente como si cada palabra estuviera escrita con la intención de bendecir a quienes lo lean.

El espíritu de la novia no solo ofrece una perspectiva refrescante sobre el matrimonio, sino que desafía las creencias tradicionales sobre el amor y la preparación para la vida en pareja. A través de su propia experiencia personal y de los momentos íntimos que comparte, la autora muestra el valor de la paciencia, la fe y la dependencia en Dios durante este proceso.

Este libro es, en definitiva, una guía para quienes anhelan no solo un amor terrenal, sino una comprensión más profunda de su relación con Dios. Ya sea que estés en una relación o no, esta obra te invita a embarcarte en un viaje de crecimiento espiritual, transformación personal y la preparación para un amor que refleje la bondad y el propósito de Dios en tu vida.

Como pastores, amigos y hermanos en la fe que acompañamos a Karla en sus etapas aquí plasmadas, recomendamos a cualquier mujer que desee conocer su valor, entender el diseño divino para su vida y caminar con fe hacia el futuro que Dios ha preparado para ella. Es un libro que no solo transformará tu perspectiva sobre el amor, sino que también te ayudará a entender mejor quién eres y quién estás destinada a ser.

Introducción

A diario conozco mujeres que anhelan tener una relación de pareja, desean tener a un hombre que camine junto a ellas y compartir sus vidas con él. Conozco damas que ya tienen una relación de pareja, pero viven insatisfechas con ella, y otras muchas con las que me he encontrado, caminan con desesperanza y dan vueltas sin sentido porque no han experimentado un amor sincero o porque una ruptura o un divorcio golpearon sus vidas. Puedo decir que fui una de ellas en diferentes etapas de mi vida, pero en el viaje que hice, mientras llegaba mi esposo, descubrí cosas importantes que te voy a compartir en este libro y que te harán identificar un antes y un después en tu vida. Puede que incluso te hagan abrir los ojos.

"A veces sentía que vivía en un mundo donde no encajaba, porque un anhelo muy profundo de amor dentro de mí llevaba, deseando y orando cada día por tu llegada"

Dentro de mí, anhelaba ser amada, cuidada, respetada, admirada, consentida y valorada. Entre las diversas formas en que recibimos amor, ya sea a través de nuestro padre, madre, hijos, hermanos, amigos, tíos, primos, etc., todos estos afectos importantes e irrepetibles, yo anhelaba ese amor que solo un esposo puede dar. Y no cualquier amor, sino un buen amor. Me imagino que, de algún modo, te identificas conmigo.

Durante mi proceso de noviazgo con quien hoy es mi esposo, mi Migue; antes de que mis dos hijos, Adolfo y Mariana, se casaran, el Señor me inquietó a escribir este libro para poder compartir la

19

sabiduría, la dirección y la esperanza que Él me impartió, esperando que también ilumine tu vida mientras lees lo que nos revela en su palabra.

Durante siete meses participé en un curso de ejecución de matrimonios, tanto como coordinadora, supervisora, observadora y protagonista en una temporada que, aunque comenzó años antes de las bodas, se materializó primero con el desfile hacia el altar de mi hija en agosto de 2020, donde la acompañé como la orgullosa mamá de la novia. Puedo decir, modestia aparte, que ella brillaba con una luz que se percibía desde cualquier ángulo. Cinco meses después, desfilé acompañando a mi hijo como la mamá del novio, y de nuevo, con humildad, reconozco que mi nuera resplandecía y mi hijo se veía diferente, como si con cada paso hacia el altar se dirigiera hacia un propósito más alto, trascendental, mucho más significativo que cualquier logro académico o profesional alcanzado hasta ese momento, a sus veintinueve años. Tan solo dos meses después, el ciclo se cerró con la "cereza del pastel": mi propia boda en marzo de 2021. Mi primera boda fue en 1991, cuando era muy joven e inexperta, sin tener idea de lo que implicaba el matrimonio ni cuál era mi papel dentro de él. Aquel matrimonio no tuvo un buen desenlace. Durante los años siguientes, viví muchas experiencias en mis relaciones sentimentales, fracasé, lloré, perdí la paz, me enfermé, me decepcioné, pero también reí, crecí, sané, me rendí, me preparé y conquisté. Hoy, sigo creyendo, con un montón de experiencias acumuladas y mucha sabiduría y aprendizaje para compartir. En el preciso momento en que culminó esa hermosa temporada de las bodas en mi hogar, con traje blanco, grandes fiestas de celebración y el brillo de la ilusión y esperanza en nuestros ojos, con la expectativa de un buen futuro, es que escribo estas líneas que hoy tienes en tus manos. Me siento movida por Dios a hacerlo, ya que Él fue fiel treinta y tres años atrás y ha permanecido fiel hasta hoy. Yo he pasado por un proceso de cambio, pero Él no cambia; sus consejos han permanecido verdaderos, y soy testigo de primera línea de este viaje de autodescubrimiento y de descubrimiento de Él.

Algunas de las ideas que te comparta quizá te parezcan conservadoras, pero te lo presento de esta manera: si lanzaras una moneda con fuerza hacia el cielo, aunque desearas que se quedara arriba, siempre va a caer, aunque no estés de acuerdo, porque hay una ley llamada gravedad que ejerce su poder. Lo mismo ocurre con las relaciones de pareja, y al final sucederá lo que la Biblia indica que va a suceder, ya que Dios inventó el matrimonio. Él sabe lo que se necesita para que funcione bien, y no vengo a compartirte un conocimiento humano, sino uno más alto, un conocimiento del cielo que nos trasciende. En mi primer matrimonio no fui honrada, apoyada, respetada ni amada, pero en mi matrimonio actual soy honrada, respetada, apoyada, cuidada, valorada, consentida y amada. Algo entendí que me permitió obtener más de lo que anhelaba. "Cielo y tierra pasarán, pero mi palabra no pasará" (Mateo 24:35). Hoy soy una mujer casada y plena, y, por lo tanto, me identifico con todas las mujeres que tienen el sueño de un buen matrimonio, aquellas que anhelan casarse por primera vez o por segunda vez, en mis hijas, en tus hijas, en tus amigas, en todas nosotras, mujeres dignas, parte de su creación amada.

El Señor, en su palabra, nos habla de las Bodas del Cordero y es ahí donde podemos ver y entender el diseño que Él creó. En su palabra, Él nos va preparando, cambiando nuestra forma de pensar, de ver el mundo y de verlo a Él. Nos va enseñando, edificando, limpiando, embelleciendo y sensibilizando, para que un día seamos su esposa.

Este proceso, tanto para los hombres como para nosotras, es de preparación con el fin de estar un día cara a cara frente a Él. Pero empieza aquí en la tierra. Sí, hoy tiene lugar en este mundo y justo donde tú estás existe una preparación para un día estar frente a Dios. Pero, antes de eso, se da frente a esa persona que escojas para que sea tu compañero de vida.

El día de mi boda y el día en que entregué en matrimonio a cada uno de mis hijos, viví el cumplimiento de muchas promesas y el paso a una etapa más elevada de mi vida en bendición. Cada día, en el ejercicio de ser la esposa de Migue (como de cariño le digo a mi esposo), experimento el deleite y la satisfacción de estar cumpliendo plenamente una parte de mi propósito aquí en la tierra.

A lo largo de los años, me he dado cuenta de que muchas mujeres no conocen su propósito fundamental en la vida y, al final, reflejan ser una "ayuda idónea dañada". No entendemos nuestra identidad y diseño como mujeres, no logramos discernir el equipamiento trascendental y divino que fue puesto en nosotras para cumplir nuestra misión aquí en la tierra, y mucho menos comprendemos el significado del matrimonio y el papel que podemos desempeñar en él.

He sido preparada con amor y ahora es la época de la mayor manifestación de su gracia en mi vida, y es por eso que te comparto estos temas que impactarán tu corazón, así como impactaron el mío. En este libro, compartiré experiencias personales y consejos basados en la palabra de Dios, con un enfoque particular en el Libro de Ester, para recibir sabiduría sobre nuestro propósito como mujeres y como guía para iluminar aspectos importantes que te ayudarán en este caminar o en tu anhelo de caminar hacia el altar.

Este es un viaje que haremos juntas para meditar, crecer y madurar en tu diseño bíblico, de modo que se manifieste en tu ser no solo la amiga o la novia, sino la esposa que quizás no sabes que vive dentro de ti, tengas o no esposo. Quiero impartirte esperanza. Es posible volver a creer en el amor. Quiero animarte a que no pierdas la fe, pero que con los ojos bien abiertos puedas esperar al hombre amado.

¿Cómo vas a llegar al destino si no conoces el camino? Oro para que el Espíritu Santo te guíe, te prepare, te transforme y te embellezca para Él en todas las áreas de tu vida, y que puedas entregarte a Él de forma consciente y segura; para así entender, asumir y reflejar tu esencia y belleza de mujer y de novia en todo tu ser, con el mayor esplendor, abriendo la puerta a la llegada del hombre que bendecirá tu vida, formado como un hombre de valor, íntegro, honesto y cariñoso, que sumará paz, alegría, confianza, dignidad, propósito, sueños, cosas buenas y honorables a tu vida.

Oremos juntas

Señor, vengo con todas mis emociones, ilusiones y expectativas al máximo. Tú me diseñaste y sabes el anhelo y qué has puesto en mi corazón con respecto a conocer mi esencia, mi diseño como mujer y también conoces muy bien mi expectativa con respecto a mi esposo o acerca del hombre con quien sueño compartir mi vida. Dame claridad y enséñame a través de tu Espíritu Santo y de tu palabra todo lo que necesito saber, moldéame para que nada permanezca igual a tu paso mediante estas líneas que hoy me dispongo a leer. Estoy atenta, estoy receptiva y lista para que me tomes de la mano en esta bella aventura en mi vida en el nombre de Jesús, amén.

Capítulo I

¿Qué busca un hombre en una mujer?

Quiero empezar este capítulo con dos preguntas esenciales: ¿qué crees tú que un hombre emocionalmente sano busca en una mujer?, ¿cuál sería tu opinión sobre las características que buscaría un hombre equilibrado emocionalmente de una esposa? Piénsalo unos minutos y escribe tu respuesta aquí. Y al terminar el libro, podrás volver a esta primera pregunta y ver cómo han cambiado tus ideas al respecto.

....

....

....

....

....

....

Reflexionar sobre lo que un hombre emocionalmente estable busca en una mujer y cuáles son los elementos que la distinguen como una joya invaluable es esencial. Esos atributos, comparables a un diamante raro y único, son los que harán que él la elija como su compañera de vida. Él trabajará para ser la mejor versión de sí mismo, para ofrecerle un buen futuro juntos, haciéndola sentir confiada, segura y feliz. Es muy importante considerar esto, ya que hay preguntas que simplemente no te haces, pero tu respuesta nos dará una pista para empezar a discernir cómo ves la relación que podrías desarrollar con un hombre, cómo se han desarrollado tus valores en este tema y cuál es tu sistema de creencias al respecto hasta hoy. Para muchas mujeres, este cuestionamiento es todo un dilema.

Quiero contarte que la respuesta a este cuestionamiento ya está escrita en el corazón de cada uno de ellos, y su Hacedor, que es su Padre y el nuestro, nos la revela en la Biblia. Aquí no hay secretos ni nada oculto. Amada amiga, vayamos al grano, directo y sin desvíos.

Leámoslo juntas en la Biblia, nuestro manual de ruta.

Mujeres, respeten a sus maridos

"Casadas, estad sujetas a vuestros maridos como conviene en el Señor"
Colosenses, 3:18 (Reina Valera, 1960)

"Pero así como la iglesia está sujeta a Cristo, también las mujeres deben de estarlo a sus maridos en todo"
Efesios 5:24 (Nueva Biblia de Las Américas)

"El corazón de su marido está en ella confiado"
Proverbios 31:11 (Reina Valera, 1960)

"La mujer virtuosa es corona de su marido, más la que lo avergüenza es como podredumbre en sus huesos"
Proverbios 12:4 (Nueva Biblia de las Américas)

"Le da ella bien y no mal Todos los días de su vida"
Proverbios 31: 12 (Reina Valera, 1960).

En cada una de estas citas bíblicas, y en las que leeremos en otros capítulos, nos indica Dios las características que Él mismo quiere que se manifieste en nosotras, las mujeres, hacia nuestros esposos. Veremos ocho que se desarrollarán a lo largo de este libro y en diferentes capítulos:

1. Respetemos a nuestros maridos y estemos sujetas a ellos.

2. Incitemos su confianza hacia nosotras y confiemos en ellos.

3. Seamos mujeres que les añadamos valor en su vida.

4. Demos muestras de fe y de reverencia al Señor.

5. Actuemos y hablemos con sabiduría a nuestro esposo.

6. Reconozcamos el diseño y liderazgo del hombre.

7. Seamos mujeres prudentes y amemos a nuestro esposo.

8. Reconozcamos nuestro gran valor e influencia como mujeres.

Estos principios que te comento deberían ser una forma de pensar y actuar inherente a nosotras o, al menos, haberse gestado en nosotras antes de conocer a nuestro esposo. Sin embargo, muchas veces eso no sucede, y podría ser esta la primera vez que escuchas estos términos, dado que la tendencia mundial de pensamiento es otra. Me atrevo a decir que, en ocasiones, hasta contraria. Es a través de circunstancias y de material como el que tienes en tus manos que nos damos cuenta de que estas características son importantes y que muchas veces no las poseemos ni tenemos claridad sobre su significado.

Para desarrollar estas características en favor de cualquier mortal imperfecto, el primer paso es desarrollar una total dependencia de nuestro Señor Jesús, fuente inagotable de salvación, amor, bendición y cuidado hacia nosotras. Ahí es donde debemos poner nuestra confianza primero, ya que es en esa relación perfecta donde encontramos todo lo necesario. El primer fundamento que debes establecer en este camino es la rendición de tu vida al Señor, quien es tu hacedor y más sabio que tú, capaz de poner todo en orden en tu vida. Si no lo haces, seguirás generando patrones equivocados en tus relaciones con los hombres, como consecuencia de una naturaleza caída que te dominará. Para desarrollar nuestro tema, te motivo a que leas los diez capítulos que conforman el Libro de Ester, ya que comenzaré haciendo referencia a los primeros dos capítulos, que se remontan al Reino de Persia, cuando el gobernante más poderoso de la época, el Rey Asuero, se ve desafiado por su esposa Vasti frente a todos sus súbditos y miembros de la corte.

Vasti era una mujer hermosa, la mujer que el hombre más influyente de la época quería mostrar y presumir por su belleza física, como muchos hombres que tú y yo conocemos hacen hoy. Él, a cambio, podía ofrecerle riquezas, bondad, estabilidad y fama en el reino; también podía darle cierta autoridad, entre otras cosas. Menciono esto porque en toda relación conocida hay un intercambio de algo: es decir, yo necesito algo que tú tienes o me puedes dar, y tú necesitas algo que yo tengo o te puedo dar.

Parte del problema

Continuando con la historia, leemos en Ester 1:9 que simultáneamente al banquete ofrecido por el rey al pueblo, cumpliendo su propósito como soberano, atendiendo a todo su pueblo, su esposa también está celebrando un banquete en la casa real del rey Asuero con las mujeres de palacio. Esto nos habla de que ella tenía su agenda personal y no se podía quedar atrás en lo que su esposo realizaba. Ella no entiende el papel que como esposa tenía sobre sus hombros, no dimensiona su propósito ni su rol, sino que, de alguna forma, compite con él y tiene su fiesta privada. Lo habitual de la época era que las actividades de las mujeres se realizaban en la casa de las mujeres, pero ella realiza la actividad en la misma casa del rey.

Nada en el reino le pertenecía a Vasti; ella no tenía ningún mérito político ni bélico en la historia. Todo lo que poseía y a lo que tenía acceso era porque el rey, dueño y señor del reino más grande de la época, la había escogido como su esposa y actuaba con bondad hacia ella. Pero ella no comprendió esto y pensó que tenía autoridad por sí misma. Su orgullo la llevó a confundirse sobre su posición dentro de la relación con su rey. Del mismo modo, Satanás llegó a creerse Dios porque dirigía la adoración en el cielo, adoración que no era para él, sino para el Señor Todopoderoso. Así, vemos cómo Satanás trajo confusión a Eva, haciéndole creer que, si comía del fruto del árbol del conocimiento del bien y del mal, sería como Dios, a pesar de que ya estaba hecha a imagen y semejanza de Él.

Esto le ocurrió a Satanás, a Eva, a Vasti, y hoy nos ocurre a nosotras cuando queremos tener gobiernos independientes de Él, pensando que podemos ocupar un lugar que no nos corresponde. Queremos ser el centro de atención, algo que solo le pertenece a Dios. Le damos la espalda y olvidamos que Él anhela tener comunión íntima con nosotras, quiere hablar con nosotras y pasar tiempo juntos.

Siguiendo nuestro relato, el rey convocó a su esposa, Vasti, para presentarla ante las personas más importantes del reino y ante todo el pueblo. Quería que los invitados admiraran la hermosura física de la reina, quien seguramente impresionaba con su elegancia, porte y ropaje. También quería que admiraran la corona preciosa y especial que él había mandado hacer para ella, que lucía con orgullo. Esa corona, además de ser una joya imponente, muy valiosa y bella, definía y transmitía una idea de la autoridad que ella tenía en el reino.

Es importante destacar nuevamente que no era una autoridad suya, sino que fue él quien se la había colocado sobre su cabeza. Sin embargo, a pesar de la expectativa del rey ante la presentación pública de la reina, ella nunca llegó, rechazando el llamado de su esposo y gobernador. Vasti no quiso ir.

La reina le hizo el mayor desplante posible al hombre más influyente y poderoso del momento, al negarse a acudir a su llamado y dejarlo expuesto, irrespetado, avergonzado, desafiado, no deseado, no amado, claramente rechazado.

Aun así, ante ese desafío e irrespeto a la autoridad del rey y esposo en público, él no tomó una decisión por despecho. El rey Asuero solicitó el consejo de los sabios, y la respuesta registrada es que debía emitir un edicto en los siguientes términos, según Ester 1:19-22 (Nueva Versión Internacional):

> *"Que Vasti nunca vuelva a presentarse ante su majestad*
> *y que el título de reina se lo otorgue a una mejor que ella.*
> *Así, cuando el edicto real se dé a conocer por todo su inmenso*
> *reino, todas las mujeres respetarán a sus esposos, desde*
> *los más importantes hasta los menos importantes".*

Y vemos cómo revelan las escrituras, que el fin de este decreto sería que *"se proclamara en la lengua de cada pueblo que todo hombre debe de ejercer autoridad sobre su familia".*

> *"Pues envió cartas a todas las provincias del rey, a cada*
> *provincia conforme a su escritura, y a cada pueblo conforme a*
> *su lenguaje, diciendo que todo hombre afirmase su autoridad en*
> *su casa; y que se publicase esto en la lengua de su pueblo".*

Ante este hecho, no hay duda: el mensaje es claro y se tradujo a toda lengua para evitar excusas por desconocimiento. De las acciones de la reina entendemos las consecuencias que se derivaron. No fueron, como indiqué anteriormente, consecuencias ganadas por una reacción de ira, enojo o despecho por parte del rey al sentirse rechazado. Aunque eso habría sido comprensible, él no tomó una decisión respecto a lo acontecido hasta escuchar y seguir el "consejo de los sabios y entendidos" al respecto.

Es por esta razón que se destaca bíblicamente que el respeto, la admiración y el reconocimiento a la autoridad son fundamentales que establecen fundamentos y bases sólidas en una familia, y en la relación entre un hombre y una mujer, independientemente de su posición social o económica. A continuación explicaré un poco más.

La Biblia es un libro de gobierno que establece la legalidad de la autoridad de Dios y de la autoridad delegada por Él para su correcto ejercicio, con el fin de traer justicia y orden. Más que un cargo, es una responsabilidad. Un hombre, en esta tierra y puntualmente en la relación entre un hombre y una mujer, se convierte en un canal de la autoridad divina, que de manera práctica se manifiesta en que él se convierte en un servidor de su compañera, para asegurarse de que ella esté bien. Así lo vemos desarrollado a lo largo de la Biblia y, como veremos más adelante en el libro de Ester, el Rey Asuero no solo se asegura de darle a Ester lo que requiere, sino más de lo que ella necesita. Pero no es el momento de entrar en detalle en esta parte.

Existen leyes inmutables creadas por Dios que, aunque al ser humano no le gusten, no las entienda o no esté de acuerdo, no las puede cambiar jamás. La clave para tener una mejor calidad de vida es estudiar y comprender las leyes y principios que gobiernan su diseño, y aplicarlos en nuestra vida. Ser hacedores y no solo oidores de lo que está escrito en la Biblia.

En Efesios 5:25 (*Reina Valera, 1960*), se nos dice: "*Maridos, amad a vuestras mujeres, así como Cristo amó a la iglesia y se entregó a sí mismo por ella*". Aquí vemos el llamado que tienen los hombres por parte de Dios de amar con todo, incluso entregando su vida por el bienestar de su esposa.

Colosenses 3:19 (*Reina Valera, 1960*) también señala: "*Maridos, amad a vuestras mujeres y no seáis ásperos con ellas*".

Entendiendo esto, nosotras, como mujeres, podemos seguir un liderazgo en nuestras relaciones con un hombre que se mueve dentro de ese diseño con total confianza y seguridad. Es de esto de lo que hablamos en este libro.

El hecho de que Dios haya dado autoridad al hombre no lo convierte en un tirano, ni le da licencia para ser machista de ninguna manera. Ese es una distorsión total del concepto y un engaño de Satanás en la vida del hombre, lo cual ha tenido un impacto negativo sobre muchas mujeres. Tampoco te convierte a ti en una sirvienta o súbdita, porque este concepto se desarrolla dentro de una dinámica entre dos seres igualmente valiosos, capaces y dignos. Sin embargo, te conviertes en una mujer sabia y entendida que reconoce que en la relación de pareja existen diferentes roles. Esto no es una competencia ni una lucha de poderes; nos complementamos en nuestras habilidades, dones y talentos, reconociendo que, en toda relación familiar, hay una autoridad y un liderazgo, el cual ha sido delegado al hombre desde el enfoque del cuidado y la entrega sacrificial.

Teniendo claros estos conceptos, te reitero que debemos meditar en ellos y ponerlos en práctica, ya que son temas importantes que establecen fundamentos y bases sólidas en una familia y en la relación entre un hombre y una mujer, independientemente de su posición social o económica.

Te dejo las siguientes preguntas para reflexionar:

♦ ¿Eres consciente de que el hombre que Dios traiga a tu vida, o el que ya está en tu vida, es un canal de la autoridad divina?

♦ ¿Cómo crees que Dios usaría su poder y autoridad para cuidarte y bendecirte?

♦ ¿Cómo harías compatible el rol de cuidado de Dios en tu vida con el rol de un hombre aquí y ahora?

♦ ¿Te sientes más cómoda entendiendo esto en su sentido original?

♦ ¿Te opondrías a un liderazgo cuyo único objetivo es lograr tu bienestar y felicidad?

Parte de la solución

Reconozcamos y actuemos.

La Biblia dispone que el hombre busque estas actitudes de respeto en su esposa e hijos por causa de un llamado que le fue encomendado por Dios de ser cabeza de su hogar. Una de las características de la mujer virtuosa es que su esposo se sienta en las puertas de la ciudad y es que ahí se sentaban los hombres importantes. Eso me habla que ella reconoce su posición, talento, autoridad, inteligencia y los otros atributos que Dios le ha dado a su esposo y está atenta para que él los pueda desarrollar al máximo.

Mujer, no eres llamada a cumplir el rol de un hombre, no eres llamada a suplantarlo.

Eres llamada a respetar a un hombre y reconocer el lugar que Dios ya le dio.

1 Corintios 11:3 (Reina Valera 1960) dice: "Pero quiero que sepáis que Cristo es la cabeza de todo varón y el varón es la cabeza de la mujer..."

En este versículo, el apóstol Pablo nos muestra que el hombre y la mujer ocupan diferentes posiciones. Las diferencias emocionales, biológicas y funcionales que Dios estableció entre ellos son reales y nos capacitan para ocupar el lugar que nos corresponde y cumplir con nuestra función. Permíteme darte un ejemplo de esto.

Los hombres son extremadamente protectores con las personas que aman. Dios los dotó de una contextura física con un mayor desarrollo muscular que la de las mujeres para este propósito. Los hombres tienen un rol específico que desempeñar en esta Tierra con sus esposas e hijos, y esto es muy importante que lo entiendas. Esta característica no es negociable y se repite a lo largo de la Biblia, como podemos ver en el libro de Crónicas, por ejemplo:

"Los rubenitas, los gaditas y los de la media tribu de Manasés contaban con un ejército de cuarenta y cuatro mil setecientos setenta hombres valientes, armados de escudo y de espada, hábiles en el manejo del arco y diestros en la guerra. Combatieron a los gadarenos y a Jetur, Nafis y Nodab. Por cuanto confiaba en Dios, clamaron a él en medio del combate y Dios los ayudó a derrotar a los agaernos y a Jetur. Se apoderaron de su ganado (cincuenta mil camellos, doscientas cincuenta mil ovejas y dos mil burros) y capturaron a cien mil personas"
1 Crónicas 5:18-21 (Nueva Versión Internacional)

¡Hace miles de años, cuando ocurrió lo descrito en este texto de la Biblia, leemos claramente que los hombres salían a la guerra para pelear y así proteger a sus familias! Otro texto de los muchos que nos encontramos en la Palabra de Dios muestra esto en 1 Crónicas 7:40 *(Nueva Versión Internacional)*: *"Todos ellos fueron descendientes de Aser, jefes de familias patriarcales, hombres selectos, guerreros valientes e importantes. Según sus registros genealógicos, eran veintiséis mil hombres aptos para la guerra"*.

Nuevamente observamos que los hombres salían a luchar, con el fin de cuidar a sus familias que quedaban en sus pueblos resguardadas, y también eran los que traían provisión de fuera. Hoy ocurre lo mismo; los hombres salen a la guerra, y pese a todo el movimiento de igualdad de género, pues también muchas mujeres van a defender a sus familias y naciones ante un conflicto bélico, las posiciones que ejercen son mayormente de enfermeras u otras responsabilidades diferentes que ir propiamente al campo de combate y batirse a golpes.

Para ilustrártelo de una mejor manera, biológicamente, se ha confirmado que los hombres tienen mayores niveles de testosterona que activan estos mecanismos "agresivos", los cuales no se encuentran de esa forma en las mujeres. Siguen siendo los hombres los responsables de la protección de mujeres, ancianos y niños, aunque a veces no nos guste aceptarlo. Por esto te reafirmo que existe un llamado claro para los varones y, paradójicamente, muchos no ejercen su papel porque no lo saben. En otros casos, muchas mujeres deben asumir el rol de proteger y proveer al hogar o a sus hijos por omisión de su esposo. Algunos otros varones que sí entienden su papel no lo desempeñan porque no quieren y son faltos de sabiduría, y otros, porque sus esposas no se los permiten, dado que ellas no entienden estos principios de autoridad y de posición. La autoridad en cumplimiento de los diferentes roles asignados en la dinámica de la pareja ha sido establecida por Dios para que esa comunión y compenetración fluyan de la mejor manera. Un ser vivo con dos cabezas no es normal; del mismo modo, un matrimonio o una relación de pareja con dos autoridades tampoco lo es. Espero que esta alegoría te ayude a comprenderlo.

Hay que tomar en cuenta que las mujeres tenemos grandes capacidades de liderazgo, y esa característica, que en otro contexto puede ser muy positiva, en este caso se torna negativa al ejercer el papel de autoridad de su hogar en un rol que no les corresponde y lo lideran. Entonces, les es muy fácil pasarle por encima a su novio o a su esposo y, al final, hacer lo que ellas quieren de forma equivocada, como fue el caso de Vasti con el rey Asuero en nuestro relato guía. Otro tema que debes analizar en tu vida es el deseo de control, lo cual tampoco te corresponde.

Mi intención con estos textos no es descalificarte, sino que puedas meditar sobre conductas equivocadas que surgen en nosotras en el siglo XXI y que están relatadas desde hace miles de años en el libro del consejo de Dios para la humanidad, como también lo es la historia bíblica de Sansón y Dalila. Ella utilizó manipulación emocional y sexual para lograr que Sansón le compartiera el secreto de su impresionante fuerza y, así, destruirlo, como lo vemos en esta porción: *"Pasado algún tiempo, Sansón se enamoró de una mujer del Valle de Sorec que se llamaba Dalila. Los jefes de los filisteos fueron a verla y le dijeron: 'Sedúcelo, para que te revele el secreto de su tremenda fuerza y cómo podemos vencerlo, de modo que lo atemos y lo tengamos sometido...'"* Jueces 16:4-5 (*Nueva*

Versión Internacional). Más adelante, nos indica la escritura que ella, al no compartirle Sansón el secreto de su fuerza, lo manipula diciéndole: "'¿Cómo puedes decir que me amas, sino confías en mí? Ya van tres veces que te burlas de mí y aún no me has dicho el secreto de tu fuerza'. *Como todos los días lo presionaba con sus palabras y lo acosaba hasta hacerlo sentirse harto de la vida, al fin se lo dijo todo…".* Jueces 16:15-17 *(Nueva Versión Internacional).*

El hombre es estimulado por lo que ve, por lo tanto, ver imágenes de una mujer desnuda lo estimula grandemente. Sumado a esto, en Génesis 1:28 se le dio un mandato de ser fecundo y multiplicarse con su esposa Eva, pero que por causa del pecado se tergiversó un acto maravilloso y ahora vemos cómo el sexo es manipulado por Satanás y se ha convertido en una fuente exclusiva de placer físico, donde el egoísmo toma el control, dejando de lado la parte emocional y espiritual que también conlleva, generando una desconexión nefasta en el ser humano y mayormente en el hombre. Lo puede llegar a desconectar de su diseño, de su esencia y de su propósito.

Por causa de una mujer que usó parte de las características dadas por el creador al sexo femenino de forma equivocada, quedó registrado el fin de Sansón, no como pudo haber sido, si hubiera tenido una esposa que con sus manos hubiera edificado la vida de su esposo, sino que terminó ciego, esclavo y encadenado. Tuvo un final triste, aunque Dios se haya glorificado en el momento de su muerte.

También tenemos en las historias bíblicas a una mujer como Jezabel, que es quien ejerce la jurisdicción del reino en nombre de su esposo, porque él no ejerce su autoridad, como lo vemos en el relato de 1 Reyes 21 *(Reina Valera 1960)*, en donde el rey Acab llega a su casa triste porque quiere una tierra, la cual su dueño, llamado Nabot, no le quiere vender, y ella le dice al respecto: *"¿Eres tú ahora rey sobre Israel?… Yo te daré la viña de Nabot…".* En 1 Reyes 21:8: *"Entonces ella escribió cartas con el nombre de Acab y las selló con su anillo y las envió a los ancianos y a los principales que moraban en la ciudad con Nabot".* En la carta, ella mandó a matar a Nabot, pero usando el anillo de sello de su esposo, tomando la autoridad que le correspondía a él, quien era débil de carácter al permitir este tipo de actos que, al final, ella usaba para irse no solo en contra del propósito de Dios en su esposo (quien es negligente en su llamado), sino en contra del propósito de Dios ante toda una nación.

Menciono estos ejemplos entre varias mujeres que hicieron "lo incorrecto", y que no reconocieron que Cristo es la cabeza de todo varón, y el varón es la cabeza de la mujer. Ahora, no me malinterpretes con este tema, que ya hemos tratado de explicar anteriormente, dado que cuando menciono que el hombre es autoridad y cabeza, hablo claramente de un hombre sano, cuya cabeza es Cristo, el servidor de servidores por excelencia, quien imita a su maestro con respecto a su esposa y a su hogar. Y es que el plan perfecto de Dios con respecto al liderazgo masculino de servicio y entrega hacia la mujer y el papel de la mujer de sumisión respetuosa se vio interrumpido y distorsionado por la caída del hombre en el huerto del Edén.

Por eso hago un paréntesis muy importante acá y te aclaro que en estas líneas encuentras tu diseño enfocado en tu esencia, que debes descubrir, construir y cuidar, ya que el hombre al que me refiero acá como tu pareja o futuro esposo es un hombre con total claridad de que es llamado a amar a su esposa, así como Cristo amó a la Iglesia que dio su vida por ella. No hablo de un hombre machista con conductas desordenadas y equivocadas con respecto a la mujer, mucho menos misógino, ni violento o iracundo, y tampoco hablo de servilismo de parte de la esposa o algo por el estilo. Hablo de un hombre y una mujer que se saben poseedores de la misma dignidad, pero con diferente función y, por tanto, autoridad delegada en el hogar. Mujer, en este libro estás aprendiendo a ejercer tu papel y disfrutar de él. Si estás en una relación de maltrato o abuso, ese no es el diseño de Dios para tu vida. Te estás exponiendo y necesitas buscar ayuda. Permanecer en una relación destructiva no es sabio. No buscamos culpar a un hombre por causa de que es hombre por tener un temperamento violento, por ejemplo. Hay hombres con conductas buenas y hay hombres con conductas malas, lo mismo ocurre con las mujeres, ya que estas conductas incorrectas, como nos indica la Biblia, afectan a la humanidad. Nacimos todos en maldad y es aceptando esa realidad y reconociendo que necesitamos a Cristo como nuestro salvador que nuestra vida puede cambiar. Tenemos que estar apercibidas, amadas, ante signos de condiciones mentales u otras banderas rojas que se muestren en un hombre que nos coloquen en una situación de peligro, *"ya que Satanás anda como león rugiente viendo a quien devorar"*, 1 *Pedro 5:8*, *"y él vino a matar, a hurtar y destruir"*, *Juan 10:10*.

Parte de la solución es reconocer en qué estamos fallando y actuar. Tú puedes abrazar tu diseño como mujer, colocarte intencionalmente en la posición correcta en la dinámica de la relación o del matrimonio y luego tomar tu lugar dentro del hogar. Si aún no tienes pareja o novio, pero ya sales con alguien, puedes edificar la mujer que el Señor dice que eres y entender cuál sería tu rol si tuvieras a un novio o un esposo en vías de hacer un matrimonio, siendo clara en que Dios no nos da novios, sino que el noviazgo es la antesala del matrimonio, por lo cual debemos ser inteligentes al construir desde esa etapa de la relación lo que Dios nos aconseja en Su manual de vida.

Si eres soltera y no se ve en el horizonte un hombre que bendecirá tu vida, entonces estos consejos son para que abraces tu liderazgo con sabiduría, entendiendo que todo lo que es tuyo y has logrado hoy es delegado del cielo, pues toda buena dádiva viene de arriba y que eres una buena administradora de los dones y talentos que Dios te ha dado; pero que no tienes función de hombre, solo capacidad para hacerles frente a los desafíos que se te presentan porque tu vida está anclada en Él, todo lo puedes en Él que te fortalece y te da el poder para seguir adelante y tener buen éxito en la vida. Así serás fuerte, pero siempre mujer, suave, sensible y delicada.

Continuemos con la historia de Ester. A raíz de lo acontecido, el rey Asuero busca una nueva esposa que sustituya a la antigua reina, sobre la cual se menciona que sería mejor que la reina Vasti. ¿En qué forma sería mejor, si ya teníamos claro que ella era hermosa y poseía la gran belleza física que tanto se persigue?

La nueva reina iba a ser mejor que Vasti, al ser bella no solamente en su exterior, sino que tendría una belleza mayor, una hermosura en su interior por medio de una sabiduría del cielo. Iba a ser mejor porque sería una mujer que entendería los principios eternos, teniendo claro que su esposo quería ser respetado, honrado y admirado por ella y también que el hombre que El Señor le iba a dar sería la cabeza en su relación y de su hogar por diseño. Ella iba a actuar en esa dirección porque era movida por esas convicciones y no tendría dudas al respecto.

Tener autoridad es una gran responsabilidad para un esposo y tú tienes que cooperar para que el ambiente sea el idóneo para que él pueda desempeñarla. Todos los versículos de la Biblia mencionados arriba confirman lo que escribo.

Entrar en el proceso en el que ya entraste te va a confirmar en tu corazón cada día más que Dios no se equivoca. Él es el mismo, ayer, hoy y por siempre y que haciendo las cosas fuera de su orden, diseño y voluntad no funciona.

Tu poder

Para terminar con esta serie de ejemplos, quiero mencionar el más sorprendente para mí, el ejemplo de Eva o debería decir del mismo Adán. Dejémoslo en ambos.

Quiero soñar un poco para ilustrarte esta escena. Imaginemos una tarde hermosa y a Dios caminando por el huerto con su creación maravillosa, Adán. Están conversando, mientras caminan uno al lado del otro, hablan de todo, claramente, despacio, sin prisa y sin interrupciones. En un momento de la linda e importante conversación, Dios se vuelve frente Adán, están cara a cara, lo mira a los ojos y le pregunta: ¿Ves todo esto Adán? Mientras le señala todo el jardín. - Él le contesta, mientras observa el inmenso e imponente huerto: Sí, lo veo, es hermoso. Dios le dice:

Quiero que sepas que todo esto es para ti, puedes disfrutarlo, debes cuidarlo y puedes comer de todo; puedes comer de la piña, de la papaya, de la manzana, de la uva. ¿Te gusta la uva? Adán le contesta: Es una de mis frutas favoritas. Dios añade: La hice con amor para ti, pensé que te gustaría. Puedes, también, comer banano; lo hice con una textura diferente. Adán lo interrumpe para decirle: Mi fruta favorita es el banano, me fascina. Dios continúa diciendo, dulcemente, con una sonrisa: Puedes comer todo el que quieras, así como naranjas, fresas, sandía y todo, todo, todo, Adán, todo es tuyo y con amor lo hice para ti, pero solamente hay un árbol de todos los que hay acá que no puedes comer. ¿Me escuchas? Sí, Dios, te escucho, replicó Adán. ¿Me estás poniendo atención? Porque esto es importante, habló Dios. Es ese, el que está acá —y lo señala—. ¿Lo miras bien? Ese es el árbol del conocimiento del bien y el mal; de ese no comerás porque el día que de él comieres, sin duda, morirás.

La enseñanza del Señor hacia su creación, Adán, fue clara y contundente. Dios le explicó claramente la consecuencia de desobedecer Su orden: la muerte. Sin embargo, leemos en Génesis que Eva, más adelante, se encuentra en el huerto con la serpiente, que es astuta y tergiversa la verdad de Dios. Adán, quien había recibido de primera mano la orden del Señor, sabía muy bien lo que estaba ocurriendo, pero, aun así, sucumbe ante las palabras de la serpiente sin dudarlo.

Quiero explicártelo de nuevo con otras palabras. Eva tiene tal poder de influencia sobre su esposo que, después de comer del fruto del árbol del conocimiento del bien y del mal, a pesar de que Dios ya había instruido a Adán de no comerlo, le da del fruto a su esposo. Adán, teniendo clara la instrucción de Dios, aun así, come. Él obedece las palabras de su mujer y no las de Dios (Génesis 3:17). Las palabras de Eva tienen para Adán más poder y autoridad que las de Dios mismo.

No sé si esto te sorprende, pero a mí sí y mucho. Una mujer, engañada por este sistema del mundo, puede incluso "desafiar" el llamado de Dios en su esposo o compañero, porque a ella le parece que así debe ser, y lograrlo. Puede hacer que su esposo caiga, puede hacer que su novio tome una mala decisión, dado que un hombre, con tal de agradar a su compañera, es influenciado por ella y, al final, ambos pueden ser engañados por el enemigo, colocándose en una situación de mucha vulnerabilidad y cayendo en el error. Lo lamentable es que los errores traen consecuencias.

Amada lectora, no eres más inteligente que tu Creador. Te repito, el respeto al hombre y el reconocimiento de su papel en esta Tierra no pueden ser negociados. La admiración al hombre que se desempeña como Dios quiere que se desempeñe es algo que nace desde lo más profundo de un alma que está siendo renovada. Ahí es donde estamos convocadas tú y yo; no a amoldarnos a este mundo, sino a ser transformadas por la palabra de Dios. Cuando traemos la palabra de Dios a nuestra vida, traemos el poder de Dios a ella.

"Dichosos, más bien, los que oyen la palabra de Dios y la guardan"
Lucas 11:28 (Biblia de Jerusalén)

Existe una sabiduría más elevada que la del mundo académico en el que estamos inmersas. En el capítulo 4, te hablaré de un proceso que Ester llevó a cabo durante 12 meses, el cual te ayudará a reflexionar sobre aspectos de tu vida y a participar de manera responsable y activa en la comprensión de cómo permitir que tu belleza interna brille. También te guiará para que las buenas características mencionadas estén presentes en tu vida, y para que las características erróneas que afloran en nuestra personalidad puedan ser eliminadas o, al menos, que seas consciente de no alimentarlas más.

Ante todo lo expuesto, quiero que guardes esto en tu corazón:

"La mujer sabia edifica su hogar, pero la necia con sus propias manos lo destruye"
Proverbios 14:1
(Biblia Nueva Traducción Viviente)

Oremos juntas

Señor, ahora entiendo que tengo poder de influencia a mi alrededor. Entiendo que ese poder es real y que necesito rendirlo ante ti para que me enseñes a usarlo como tú lo diseñaste y pueda dar los frutos que quieres ver en mí y en los que me rodean. Quita de mí toda necedad y toda terquedad que me impulse a seguir haciendo las cosas a mi manera. Dice tu palabra que tus ovejas escuchan tu voz y te siguen. Yo quiero ser tu oveja, escuchar tu voz y seguirte. No quiero escuchar la voz de ningún extraño. Hazme una mujer llena de sabiduría que cada día me edifique a mí misma y edifique mi hogar. En el nombre de Jesús, amén.

Capítulo II

¿Cómo te preparas para ser novia y esposa?

¡Probemos a ver qué resulta!

Eso me dijo un pretendiente una noche, mientras chateábamos en redes sociales para relajarme después de un día de trabajo y distraerme un poco. Él se refería a conocernos más a fondo, con la intención de tener algún tipo de relación sentimental. Este tipo de interacción es muy común hoy en día y aclaro que no lo conocía personalmente.

Esa expresión: "¿Por qué no probamos a ver qué resulta?" ya la había escuchado anteriormente con regularidad, y en algún momento yo también creí que podía ser una opción. "¿Por qué no lo intento?", me pregunté en alguna etapa de mi vida. Si no pruebo, no sabré si funciona o no. Así, comenzaba a darme una lista de justificantes a mí misma para convencerme de que era un buen argumento para conocer a alguien y para no aceptar que me sentía de alguna forma sola y cargaba con un paquete grande de inseguridades, heridas de rechazo, abandono, humillación, injusticia, falta de confianza, dependencia emocional y codependencia que no había trabajado en mí. En otras palabras, cargaba con un cartón lleno, pero no para ganar, sino para perder. Estar en esa condición me exponía a la vulnerabilidad, pero no era consciente de ello.

Así fue como ese pensamiento de "Tal vez esta vez sí resulte" me hizo considerar esta opción en un momento de mi vida y me lanzó a una relación que lo único que hizo fue darme muchos intentos de cambio fallidos, pérdida de tiempo y una mala experiencia que no quiero volver a recordar o vivir en mi vida.

Esta actitud negligente y acomodada a la corriente de este mundo también la viví en otras áreas personales, con las mismas consecuencias, que al final me enseñaron que no debía simplemente probar a ver qué resulta.

Sé que probablemente esto también te ha sucedido y por eso estás leyendo este libro. Ahora, espero que comprendas que debes cambiar todo modus operandi aprendido del mundo y desarraigarlo de tu vida, desaprender para aprender con nueva sabiduría. Por lo tanto, es importante que te hagas esta pregunta: ¿Cómo se prepara una novia?

¿Cómo se prepara una novia?

Analicemos este ejemplo. Cuando un atleta se prepara para una competencia, se somete con diligencia, disciplina y consistencia a un entrenamiento diario. Este entrenamiento sostenido en el tiempo tiene como objetivo lograr mejoras en todos los aspectos, tales como el cuidado del cuerpo, el desarrollo de técnicas y de las destrezas que ese deporte requiera. Además, incluye no solo un esfuerzo mental y físico, sino también una buena alimentación, utilizar la ropa adecuada y las herramientas apropiadas para la práctica.

El enfoque está en el atleta, en su desempeño, en su rendimiento y en su pasión por lo que hace. ¡Todas estas acciones aunadas darán buen fruto!

¿Qué nos hace pensar que algo diferente ocurre cuando nos preparamos para ser novias o cuando queremos tener algún buen resultado en alguna área de nuestra vida?

El enfoque principal debe estar en ti, en tus decisiones, y en las de nadie más. Esto está determinado por lo que estás dispuesta a hacer y dejar de hacer para tener una mejor calidad de vida. En verdad lo creo. Me gusta decir que ¡tú eres tu proyecto más importante!

Al igual que un atleta se prepara para dar su mejor rendimiento en una carrera y mejorar sus tiempos, es tu responsabilidad tomar este proceso como una parte crucial de tu vida. Tu pasado o los logros anteriores en competencias solo deben servir como referencia para mostrar el rumbo a donde quieres ir y a donde no quieres volver. Es muy fácil caer en miles de excusas para no asumir tu responsabilidad en este proceso y dejar que el síndrome de Adán con su comentario de: "... la mujer que tú me diste..." se convierta en una muletilla en tu vida.

No te aferres a justificaciones como: "el ex que me diste", "la traición que sufrí", "la infancia que tuve", "mi padre me hizo esto...", o cualquier circunstancia difícil que hayas pasado. Estos pretextos solo te llevarán a culpar siempre a los demás en lugar de asumir la responsabilidad de tu propio proceso.

Estamos aprendiendo y a la vez conociendo sobre nuestra forma de pensar acerca de las relaciones de pareja. En el primer capítulo escribiste sobre lo que tú creías que un hombre buscaba de una mujer. Ahora te lanzo otra pregunta importante. Escribe 5 cosas que deseas de un hombre.

¿Qué quieres tú de un hombre?

1. ....

2. ....

3. ....

4. ....

El pensamiento equivocado

En diversas ocasiones, al conversar con amigas solteras, me recitan la lista de características maravillosas que quieren que su futura pareja tenga, y no es que estoy en contra de las listas con los requisitos mínimos o máximos o lo que tú quieras, creo que es muy bueno porque te da una guía de por dónde quieres ir y por esa misma razón te pedí en el espacio de arriba que escribieras algunas características que te gustarían de un hombre.

El tema que vamos a tratar como el problema en esta sección es que esa lista generalmente contiene peticiones como: *"que sea alto, que sea flaco, que tenga dinero, que tenga un buen carro, que tenga casa o, mejor aún, una finca, que tenga barba o que no la tenga, que vista lindo, elegante, que huela a equis perfume, etcétera"*. La respuesta más común a esa pregunta que he recibido es: quiero a un hombre que me mantenga.

Son requisitos que escucho con muchísima frecuencia y me prenden una luz de alerta, pues me doy cuenta de que nos estamos inclinando a tomar malas decisiones a la hora de escoger pareja por buscar características que rigen al mundo, las cuales no son tan importantes para desarrollar una buena relación de convivencia sostenida en el tiempo, y que, además, no son parte de las verdaderas características y cualidades que hacen la diferencia para que un hombre pueda convertirse en alguien que valga la pena invertir mi tiempo, mi atención y todos los recursos con los que Dios me ha bendecido y a quien pueda abrirle mi corazón y cada aspecto de mi vida, sino, más bien, reflejamos estar muy confundidas con respecto a este asunto de tanta trascendencia e importancia en nuestras vidas.

Si ya las mujeres por equipamiento divino somos por esencia más sentimentales, sensibles y respondemos fácilmente a las emociones, los principios, las buenas costumbres y a la empatía en nuestro día a día, ¿por qué cometemos el error de enfocarnos en pedir mayormente cosas materiales y muchas veces vanas? ¿Por qué para algunas mujeres es tan deseable tomar ventaja a través de un hombre y desear no trabajar siendo que somos muy inteligentes y competentes para desarrollar casi todas las tareas que nos propongamos?

¿Será que hay un vacío espiritual que estamos intentando suplir con el dinero? ¿Será que estamos monetizando nuestro valor de alguna forma porque no nos damos cuenta de lo valiosas que ya somos por el simple hecho de ser mujeres? El éxito material que a veces buscamos alcanzar de manera fácil, ¿qué estaría llenando? ¿Qué queremos realmente alcanzar con eso? ¿Qué estás dispuesta a negociar por obtener reconocimiento y aceptación de los demás? ¿Será que lograr la comodidad y el confort en tu vida se ha convertido en un tipo de ídolo? No necesitas depender de un hombre para salir adelante en esta sociedad o en la vida; necesitas depender de Dios. Los hombres fallan, pero Dios no. Aplicar este principio te da descanso, rompe las cadenas de opresión y te libera para alcanzar un futuro de éxito y paz. Entender esto te convierte en una mujer selectiva, porque a partir de este conocimiento ya no buscas que tus necesidades sean suplidas por cualquier hombre, sino que no permites que nadie entre en tu círculo íntimo si te roba la paz o no te ama y cuida como lo hace Dios.

Y quiero que quede claro que no está mal quedarse en casa y cuidar a los niños si así lo decides, pero el enfoque al conocer a alguien no debería ser si tiene una buena cuenta bancaria. No debería ser querer quedarse en casa y además tener ayuda doméstica toda la semana porque tienes que estar en el salón arreglándote o en el gimnasio mejorando tu cuerpo para verte mejor. Verse bien no está mal. Lo que está mal es que te desenfocas de lo verdaderamente importante siguiendo una vida así.

¿Por qué basamos la lista de lo que anhelamos de un hombre en demandas y condiciones de cosas que son temporales, pasajeras y volátiles, en lugar de basarlas en valores y principios eternos y sólidos? Porque nosotras mismas nos exponemos a esos mismos estándares y entramos en el mismo juego. Nosotras mismas estamos negociando nuestro valor. La vida no es una competencia.

A raíz de las respuestas a estas preguntas es que hoy no me extraña ver a muchos hombres desconcertados y hasta intimidados ante las "exigencias" de estas nuevas generaciones de mujeres. Es común escuchar a hombres que están convencidos de que es el dinero o un buen carro lo único que puede hacerlos merecedores del amor de una dama. Y muchas mujeres convencidas de que solo con implantes en los glúteos y su cara rebosante de botox te hace ser elegible para ser la pareja de alguien.

Y es que lamentablemente, querida amiga, nos estamos acostumbrando al pensamiento del mundo que nos motiva a pensar que "todo se trata de mí, de que me complazcan a mí, de que me den a mí, de lo que quiero recibir yo, de alimentar mi ego, de ser yo la importante", lo cual es peligroso porque nos desenfoca de nuestro verdadero propósito en esta Tierra y nos conduce a seguir la corriente moderna egoísta, que es muy generalizada y aplaudida actualmente, la cual también, muchas veces, es una forma de levantar muros de defensa para cubrir nuestro corazón herido, una forma de dar a conocer el vacío y caos que nos consume o en otras palabras, de mostrar nuestra naturaleza caída.

Curiosamente, si tú analizas a fondo esas listas, observas que se basan solamente en las necesidades, en los intereses y sueños de esas amadas mujeres para tomar ventaja de las características del otro, dejando en evidencia que no estamos tomando en cuenta lo que debemos de permitir que el Espíritu Santo trabaje en nosotras primero. Esas listas deben de ser entregadas al Señor para que tus anhelos se alineen con los de Él y Su voluntad maravillosa y perfecta venga a tu vida y no al revés.

La solución

Así que, el primer paso de preparación nos dirige a **no dejarnos confundir, sino a buscar la luz y la verdad.**

Es por lo que tenemos que arrancar de raíz algunos conceptos equivocados como parte importante de la **preparación como novia;** además, tenemos que agregar otras ideas fundamentales y aclararlas.

1. **El mundo no va a ser tu referente de lo que es ser una mujer,** ni de lo que tú eres como mujer y las características que definen y comunican quién eres. Eso incluye tu papel en los diferentes roles de la sociedad. Dios te formó a ti.
   "Tú creaste mis entrañas; me formaste en el vientre de mi madre". Salmos, 139:13 (*Nueva Versión Internacional*).

2. **El mundo no va a ser tu referente de lo que es o debe de ser el matrimonio,** dado que es un invento de Dios.
   "Por tanto, dejará el hombre a su padre y a su madre y se unirá a su esposa y serán una sola carne". Génesis 2:24 (*Reina Valera 1960*).

3. **La Palabra de Dios será la que defina el camino que debes seguir.**
   "Lámpara es a mis pies tu palabra y luz para mi camino". Salmo 119:105 (*La Biblia de las Américas*).

4. **El Espíritu Santo que habita en ti será tu consejero, guía y ayuda.**
   "Pero cuando venga el Espíritu de verdad, Él os guiará a toda verdad…". Juan 16:13 (*Reina Valera Gómez, 2010*).

5. **Los tiempos de oración y comunión con Dios serán diarios** para que logres construir una relación de amistad, amor y dependencia de Él. *"Sobre todo, oren a Dios en todo tiempo. Y cuando lo hagan, sean dirigidos por el Espíritu".* Efesios 6:18. (*Nueva Biblia Viva*).

◆ ¿Estos cinco puntos te son familiares? Sí o no. ¿Por qué?

◆ ¿De qué forma El Señor ya está hablando a tu corazón? ¿Qué deberías de cambiar?

Comenta:

....

....

....

....

....

....

Oremos juntas

Padre, quiero tu enseñanza, consejo y guía. Ya no quiero ser sabia en mi propia opinión, sino que tú me lleves de la mano a donde tengo que estar y que me enseñes a pensar como tú quieres que yo piense. Enséñame quién soy y no permitas que la corriente y las enseñanzas de este mundo me confundan más. Escribe tus diseños en mí. Yo confío en ti y sé que eres más inteligente que yo, así que me rindo en tus brazos de amor, en el nombre de tu hijo Jesús, amén.

Capítulo III

Explícame... ¿Quién soy?

¡Auxilio!

- ¿Por qué no me acostumbro a estar sin pareja?

- ¿Por qué quiero gustarle a alguien o por qué quiero tener pareja?

- ¿Por qué me invaden estos sentimientos?

Amada amiga, vamos a responder a estas preguntas con palabras del cielo que espero abraces con entendimiento y humildad.

¡Eres ayuda idónea!

> *"Y dijo Jehová Dios: no es bueno que el hombre esté solo; le haré ayuda idónea para él"*
>
> *Génesis 2:18 (Reina Valera, 1960)*

Cuando El Señor pensó en ti, mujer, para que te manifestaras como ser humano aquí en la tierra, fue para ser ayuda idónea. ¿Y de quién? ¡De un hombre! La ayuda más que necesaria para que tu esposo, o quien vaya a ser tu compañero de vida, cumpla su propósito aquí en la tierra. Toda mujer está concebida en el corazón de su creador para ser cónyuge y el proceso para abrir tus ojos a ese concepto te cambia la vida. Aceptar el diseño de Dios para ti es un acto de humildad y sabiduría y de acercarte más a la plenitud de tu vida; independientemente de que estés casada o no. Quiero recalcar este punto, dado que no quiero que te sientas descalificada por no tener un esposo. Mi intensión es que entiendas tu diseño y que eso explique muchas emociones y sentimientos que te ocurren con respecto al tema de las relaciones afectivas para que, a partir de este conocimiento, puedas gestionarlos mejor.

La palabra en hebreo utilizada para definir a la mujer es *Ezer kenegdo. Ezer* significa rescatar o salvar. No fuiste hecha solo para acompañar, para ser de la misma especie que el hombre, puesto que él no encontraba su similitud en vacas, toros, jirafas, pájaros, etcétera, con quienes convivía en el jardín del Edén, sino que tu función de ayuda para con el hombre va mucho más allá, es un auxilio que le puedes aportar, que lo rescata de situaciones de vida o muerte. La palabra *kenegdo* se define como la que le es contraria al hombre, la que está frente a él; en otras palabras, la que lo enfrenta, la que lo confronta. ¿No te ha pasado que en alguna relación de pareja que has tenido tú te sientes cómoda o incómoda con ciertos amigos de tu pareja? Tú solamente por "olfato" o presentimiento, sientes quiénes pueden ser buenos amigos o malos amigos de tu pareja, aun sin conocerlos muy bien y le haces saber claramente a tu compañero tu incomodidad al respecto. También pasa con costumbres erradas de nuestra pareja, nosotras somos las que constantemente les indicamos qué les conviene o qué no les conviene y, muchas veces, sino todas las veces que no siguieron nuestro consejo, al final terminamos con la famosa frase: te lo dije… A ellos no les gusta mucho eso, no se sienten cómodos con esa "confrontación", pero estamos diseñadas para poder cultivar y cosechar de ellos lo mejor con una sabiduría del cielo.

Por alguna razón, mientras los hombres aman las películas de acción —y muchas veces de guerra— es porque su diseño (como vimos anteriormente) es para protegernos, cuidarnos y proveernos. Nosotras, por otra parte, usualmente amamos las películas románticas o los dramas y nos fascinan los temas de amor, de pareja y de familia. Estamos equipadas, inclusive, con una intuición aguda para ayudarlo a él y por eso vemos cosas que ellos no ven. Dios nos ha dado ese "sexto sentido" y sabemos cuáles situaciones lo pueden poner en desventaja o qué decisión podría tomar en el trabajo que no le conviene o para las que tienen un compañero que tiende a tomar licor, por ejemplo, les vamos a insistir en que ese camino no es el adecuado. Así somos las mujeres, podemos pararnos firmes frente a nuestras parejas o, inclusive, ante nuestros hijos para que no hagan cosas que les vayan a hacer daño, aunque ni siquiera ellos puedan tener conciencia de lo que está ocurriendo.

Esto se debe a que, dentro de nuestro plan original, estamos llamadas alimentar, a arropar, a traer dulzura, ternura, sabiduría, aliento, amor y una ayuda de alto nivel a la vida de nuestro esposo y familia, pero también a ser contrarias y con fuerza de ser necesario.

Son equipamientos de Dios en nosotras para ser usados a favor de ellos, no en su contra. Está en nuestro *chip*, así que no te sientas mal ni te avergüences de que eso esté en ti. Acéptalo, disfrútalo y aprende más de tu esencia de mujer.

De lo mismo, pero diferente

El Señor creó a la mujer a partir de la costilla de Adán, asignándole una función diferente a la de él. La llamó "varona", como una versión femenina del hombre. El Señor no quería que Adán estuviera solo, así que le hizo una compañera.

Como fuiste diseñada para ser compañera y ayuda idónea, en algún momento de tu vida anhelarás tener a un hombre a quien apoyar. Quiero aclararte que en ti está el deseo de ser necesitada, útil, amada, cuidada, respetada y honrada por un hombre, pero para ejercer tu función, no ambas: la tuya y la de tu pareja.

Veo muchas mujeres que, al ver a un hombre en problemas, activan su instinto de ayuda y asumen responsabilidades que no les corresponden, por no saber canalizar estos sentimientos en su vida. Se enredan en relaciones que no funcionan, con hombres que muchas veces no quieren trabajar y se convierten en "las salvadoras de sus esposos." El Señor asignó al hombre el papel de proveedor. Tu rol es de ayuda. No importa si ganas más que él, tu esposo debe sentir siempre que está proveyendo para ti porque es parte de su papel. Debes comunicarle que estás feliz con que lo haga, sea mucho o poco. Un hombre ama proveer materialmente; es importante que lo tengas en cuenta. Aunque sus recursos sean limitados, se esforzará por hacerte feliz de esa forma también. Nunca debe ser el enfoque de tu relación, pero es una de las diferencias entre ustedes.

Usaré un poco de humor popular para explicarte este punto. Hay chistes que retratan al esposo como un hijo más de la esposa. La tendencia a socorrer a un hombre en peligro o intentar ser la mamá de un hombre se facilita porque eres una gran administradora, tienes talento para dirigir, organizar y lograr que tu vida y tu hogar alcancen los objetivos trazados. Como veremos en el proverbio de la mujer virtuosa, tienes el don de planificar, ordenar, clasificar, controlar y distribuir recursos de la mejor forma. Tienes un poder multiplicador en tus manos. Pero todo ese poder no es solo para tu beneficio, **sino a favor de un esposo sano en su identidad masculina**, y más aún delante de tus hijos si los llegas a tener.

El tema es que, si no reconoces esto en ti y lo niegas, te expones al peligro que esto representa. Optas por buscar amor en lugares equivocados y negociar lo que Dios no quiere que negocies. Tu papel no es como proveedora del hogar, aunque te animo a siempre aportar a este nivel si te es posible. Son un equipo y, como tal, compartimos nuestras fortalezas. Ni él se aprovecha de las tuyas ni tú de las de él.

Las deficiencias o debilidades del hombre son complementadas por las fortalezas de la mujer, no resueltas por ella. Te repito que estamos expuestas a un sistema que nos confunde y busca anular, cortar y cauterizar nuestra identidad y función de mujer. Insisto en que nuestras emociones, ideas y el proceso de la reconstrucción de nuestra alma deben rendirse a los pies del Señor y ser activas en el proceso. Puedes optar por llevar procesos psicológicos en cualquier etapa de tu vida para encontrar respuestas a muchas interrogantes sobre patrones equivocados que se repiten o sobre temas del pasado o heridas. Estos son recursos muy valiosos, pero nada puede tomar el valor, el peso y el resultado de cada proceso que lleves de la mano con el Señor.

Las deficiencias o debilidades que existen en un hombre son complementadas por las fortalezas de la mujer, no son resueltas por ella.

Te hizo dadora de vida

"Y el hombre le puso por nombre Eva a su mujer, porque ella era la madre de todos los vivientes"

Génesis 3:20 (La Biblia de las Américas)

El nombre de la primera mujer que registra el libro de Génesis es *Eva* y su significado es *dadora de vida*. Tenemos una matriz que da vida física aquí en la Tierra y también tenemos dentro de nosotras órganos que están equipados para proveer nutrición para mantener esa vida en su primera etapa. Tengas o no tengas hijos, esa es tu naturaleza.

¡Repítelo!: "Soy dadora de vida". Quiero que notes que fue el mismo hombre el que le puso ese nombre a Eva. Él la nombró así por las características que sabía que existían en ella y, aunque no se habían manifestado, ya Dios se las había revelado. Esas características están en ti, pero no se trata solamente de vida física, sino que también estás llamada a través de tus palabras, a hablar vida a tu compañero y a tu familia, a tener la confianza de que puedes impartir la vida que Dios puso en ti a quienes te rodean. Corta la queja, la crítica y el hablar mal de él. Bendícelo, habla bien de él, perméalo con palabras que lo vivifiquen, lo alienten, lo animen. Sonríele, míralo con amor. Hay muchas formas de dar vida a un corazón. Haz un caminito de amor con esa vida que Dios puso en ti de su corazón en el tuyo.

Te hizo vaso frágil

"Ustedes, maridos, igualmente, convivan de manera comprensiva con sus mujeres, como con un vaso más frágil, puesto que es mujer, dándole honor por ser heredera como ustedes de la gracia de la vida, para que sus oraciones no sean estorbadas."

1 Pedro 3:7 (Nueva Biblia de las Américas)

Este término no es descalificador, no es una palabra que te defina como una persona débil, con falta de inteligencia o de dignidad, sino que mírate, no desarrollas musculatura tan rápido como lo hacen los hombres, por ejemplo. Eres más sensible a las emociones, eres más dulce, tierna y delicada. En muchos escenarios sociales, eres más vulnerable y estoy segura de que somos más empáticas que los caballeros. Eres una obra maestra preciosa y tan valiosa que debe de ser tratada con precaución. Los hombres responden a estas diferencias con mayor cuidado hacia ti. No temas en mostrarte frágil delante de un hombre porque así debes de ser tratada. Como mujer, puedes ser más inteligente que un hombre y hasta más competente para algunas tareas, pero recuerda que lo que tratamos en este libro es que la vida no se trata de una competencia con el sexo masculino, sino encontrar y aprender lo que nos enseña la Biblia, sobre tu naturaleza de mujer.

"En cuanto a ustedes, esposos, sean comprensivos con sus esposas. Trate cada uno a su esposa con respeto, ya que como mujer es más delicada y comparte, junto con ustedes, la herencia de la vida eterna".
1 Pedro 3:7 (Nueva Biblia Viva).

Esa dulzura y delicadeza es atractiva. No estoy hablando de que luzcas incompetente, de hacerte la inútil o lucir tonta. Estoy tratando de comunicarte que un hombre anhela saber que puede serte de ayuda en un momento donde tú lo necesites. Es parte de su función.

Cuando mi esposo me ve cargar una caja pesada de un lado a otro, siempre me pregunta: "¿Usted no tiene esposo? Amor, yo te puedo ayudar". Y he aprendido.

Él quiere llevar tu maleta pesada para cuidarte. ¡Él quiere matar la cucaracha monstruosa para ti si se lo pides! ¡Aunque él tenga más miedo que tú! Desea convertirse en tu héroe. Déjalo ser uno.

Te hizo esposa

Analicemos el concepto: ¿qué es una esposa?

Quiero contarte una historia. Tengo ascendencia italiana y, en un almuerzo con mujeres de la comunidad de donde venía mi abuelo, me contaron cómo en ese pueblo se acostumbraba que, cuando las niñas ya tenían un grado de habilidad manual, se les empezaba a enseñar a coser, tejer y otras manualidades. Esto era para que comenzaran a fabricar ellas mismas el ajuar que llevarían el día de su boda a su nuevo hogar: sábanas, ropa interior, partes de su atuendo y otros artículos importantes. Se las preparaba para su vida futura a cargo de un hogar. Las madres, que eran esposas, enseñaban a sus hijas y las preparaban en esa labor. Había un plan, un objetivo, una preparación.

El matrimonio es un invento de Dios, no del hombre; por lo tanto, los roles del esposo y la esposa los determina Él. En la historia de Ester, existen esposas y concubinas. Si no eras esposa y tenías relaciones sexuales sostenidas en el tiempo con un hombre, entonces eras concubina. La relación y la posición social hacia ese hombre eran diferentes según fueras esposa o concubina. Eso no ha cambiado hasta la fecha. Para muchas personas puede parecer un simple título, pero no es así. Curiosamente, es difícil encontrar a una mujer que esté en una unión libre y no desee casarse; algo en su interior le incomoda.

Una mujer que es esposa entiende que saber quién es para su pareja y qué representa en la vida de un hombre, tanto en lo privado como en lo público, es fundamental y no se debería negociar, ya que tiene un peso importante dentro de su alma. Hay claridad en los alcances de la relación, hay integridad. No eres esposa al casarte, ya tenías esencia de esposa cuando tu entendimiento de mujer no se conforma con simplemente convivir con alguien o tener relaciones sexuales esporádicas con alguien. Porque estás convencida de tu valor, el valor de tu palabra, el valor de tu tiempo, el valor de tu entrega, el valor de la honra y el valor de la familia. Eres esposa porque entiendes la seriedad y la responsabilidad del vínculo del matrimonio. Eres esposa porque eres una mujer de pacto. Creo que por eso tienes este libro en tus manos.

Es aquí donde entra el área espiritual a establecer en tu vida tu revelación de esa declaración formal, libre, ante testigos, donde el más importante es Dios, que es legalmente vinculante en esta tierra y profundamente impactante en el mundo espiritual, en las vidas de los seres humanos, de un "sí, acepto".

Hay pacto, el matrimonio es un pacto y el Señor es un guardador de pactos. El pacto tiene un sello y Jesús nos selló con la sangre del pacto. Si eres una esposa, eres una guardadora de pactos y el pacto nos compromete la vida misma. Es estar dispuesta a dejar tu vida independiente por dar la vida tal cual Jesús la dio por el otro.

Para aclarar un poco más este punto tan importante sobre qué es una esposa, vamos a leer Proverbios 31:10-31.

"La esposa de carácter noble (o la mujer virtuosa)

[10] [b]¿Quién podrá encontrar una esposa virtuosa y capaz?
Es más preciosa que los rubíes.
[11] Su marido puede confiar en ella,
y ella le enriquecerá en gran manera la vida.
12 Esa mujer le hace bien y no mal
todos los días de su vida.

[13] Ella encuentra lana y lino
y laboriosamente los hila con sus manos.
[14] Es como un barco mercante
que trae su alimento de lejos.
[15] Se levanta de madrugada y prepara el desayuno para su familia
y planifica las labores de sus criadas.

[16] Va a inspeccionar un campo y lo compra;
con sus ganancias planta un viñedo.
[17] Ella es fuerte y llena de energía
y es muy trabajadora.
[18] Se asegura de que sus negocios tengan ganancias;
su lámpara está encendida hasta altas horas de la noche.

¹⁹ Tiene sus manos ocupadas en el hilado;
con sus dedos tuerce el hilo.
²⁰ Tiende la mano al pobre
y abre sus brazos al necesitado.
²¹ Cuando llega el invierno, no teme por su familia,
porque todos tienen ropas abrigadas.[c]

²² Ella hace sus propias colchas.
Se viste con túnicas de lino de alta calidad y vestiduras de color
púrpura.
²³ Su esposo es bien conocido en las puertas de la ciudad,
donde se sienta junto con los otros líderes del pueblo.
²⁴ Confecciona vestimentas de lino con cintos
y fajas para vender a los comerciantes.

²⁵ Está vestida de fortaleza y dignidad,
y se ríe sin temor al futuro.
²⁶ Cuando habla, sus palabras son sabias,
y da órdenes con bondad.
²⁷ Está atenta a todo lo que ocurre en su hogar,
y no sufre las consecuencias de la pereza.

²⁸ Sus hijos se levantan y la bendicen.
Su marido la alaba:
²⁹ «Hay muchas mujeres virtuosas y capaces en el mundo,
¡pero tú las superas a todas!».

³⁰ El encanto es engañoso, y la belleza no perdura,
pero la mujer que teme al Señor será sumamente alabada.

31 Recompénsenla por todo lo que ha hecho.
Que sus obras declaren en público su alabanza."

Cuando meditamos en Proverbios 31:10 (*Nueva Versión Internacional*), no nos cabe la menor duda de que se describe a una mujer con cualidades morales y éticas positivas, con atributos como integridad, sabiduría, compasión, empatía, gusto por el trabajo, respeto y una fe firme y sólida. Estas características son muy valiosas para un hombre que desea establecer una relación afectiva de calidad, que le permita tener una conexión emocional profunda con ella. Ella se entrega y está dispuesta a amar incondicionalmente.

Estas cualidades le brindan paz a un hombre, porque una esposa es quien se convierte en la persona más íntimamente ligada a su corazón. De no ser nada, se convierten en todo con un propósito. Son dos, pero son uno. Una esposa pertenece a su esposo. Cuando Adán vio a Eva, exclamó: "Ella es carne de mi carne". Él ya estaba ahí primero y reconoció en ella su diseño. Ella es parte de él. Ella es capaz de pertenecer. Una esposa es parte del ADN espiritual de su esposo.

Existe un modelo: el modelo de Jesucristo. Jesús se dio primero por nosotros. Tú debes observar cómo un hombre se entrega y te ama primero antes de que tú respondas con amor y entrega. Jesús amó y la iglesia se encarga de recibir todo ese amor. No lo ames primero esperando que él te corresponda. No te entregues primero pensando que esa es la fórmula. Eres esposa, y la novia de Cristo fue amada primero hasta la muerte en la Cruz. Después de que Él se dio, ahora viene por su amada para las bodas. Tú debes ser amada por tu futuro esposo primero, quien te honrará y dignificará. Es a través de ese sacrificio, de ese hombre que está dispuesto a verte feliz y a cuidar de ti, que tú respondes en amor. Él entenderá que eres especial y te amará como a sí mismo y aún más. El amor se goza en dar y en servir. No inviertas el modelo. Hay cosas que no se negocian. Tu diseño no se negocia. Eres esposa.

Mi esposo siempre me dice que ser esposos es la expresión más alta de amor y compromiso que él me podía mostrar en esta tierra. No lo da ser "pareja", "novios", "amigovios" o como lo quieras llamar. Es cuando, delante de testigos, toman la decisión de unirse como esposos con la bendición de Dios, que todo tiene un sentido diferente. Es el Señor en la relación quien hace la diferencia.

Dios nos da una revelación cuando nos indica que una buena esposa es un regalo de Dios para un hombre. Proverbios 19:14 (*Nueva Versión Internacional*) dice: "*La casa y el dinero se heredan de los padres, pero la esposa inteligente es un don del señor*". ¡Los hombres deberían de estar orando por ese regalo! Una esposa sabe de legado, sabe que debe prepararse y añadir valor a la vida de su esposo e hijos, o futuros hijos cuando los haya.

La noche del viernes, en la celebración del shabat, el pueblo judío tiene una hermosa tradición: el padre de familia pregunta: "¿Mujer virtuosa, quién la hallará?", y los hijos deben contestar en voz alta: "¡Papá la halló, papá la halló!". Esto nos habla de la dignidad que Dios le ha dado a la mujer, y nos confirma el gran valor que tenemos dentro de la relación de pareja y de la familia.

Una esposa es la mujer que está íntimamente
ligada al corazón de un hombre.

Te hizo su hija

Amada amiga, en Juan 1:12-13, la Biblia indica: *"Pero a todos los que le recibieron, les dio el derecho de llegar a ser hijos de Dios, es decir, a los que creen en su nombre, que no nacieron de su sangre, ni de la voluntad de carne, ni de la voluntad del hombre, sino de Dios"* (*La Biblia de las Américas*).

Ser mujer es un privilegio hermoso, pero lo realmente impresionante es ser hija de Dios. Eres un gran tesoro y mereces lo mejor por causa del sacrificio de Jesús en la cruz. Vales la sangre del Rey del Universo y lo más maravilloso es que, la persona que tu buen Padre tiene para ti también lo es.

Si lo recibes, si has recibido el regalo de la salvación, eres su hija. Tienes una gran responsabilidad frente a ti ahora que conoces cómo fuiste concebida en el corazón de tu Hacedor, pero también tienes la profunda paz de descansar en la buena voluntad que tu Padre tiene para ti, porque te ama.

"Que tu vida sea el más bello templo del Espíritu Santo y tu amado vendrá". No te lo aseguro como un acto de magia, sino como el resultado de que el Padre estará seguro de que tú estás lista para cuidar y honrarlo a Él y, por ende, a ese gran tesoro que será tu pareja.

Tus cualidades

Uniendo todas las cualidades mencionadas, entendemos que tú, como esposa, novia o pareja, eres o llegarás a ser la persona que él necesita a su lado para poder cumplir su propósito en la vida. Dios equipó a la esposa con todas las herramientas necesarias para hacerle el bien, cuidarlo, dar la palabra, el consejo y la guía necesarios para la vida de su esposo.

Eres quien habla y emite palabras a favor de él, como si fueras una gran escudera, dándole vida y levantándolo por medio de tus palabras, sin importar las circunstancias, sean buenas o no tan buenas, ya que siempre le impartes fe. Eres la compañera inseparable, la amiga incondicional con quien él puede hablar de sus miedos más profundos y sentirse seguro. Delante de su esposa, él no siente vergüenza de mostrarse desnudo.

Génesis 2:25 (*Reina Valera, 1960*) lo revela así:

"Y estaban ambos desnudos, Adán y su mujer,
y no se avergonzaban".

Eres con quien puede ser vulnerable en un silencio que lo llena de paz y donde encuentra una mirada que lo colma de amor. Eres donde siente una mano suave y dulce que lo acaricia. Convertirnos en ese oasis de paz, amor y bondad para él es hacia donde caminamos.

Asimismo, nos convertimos en ese lugar donde todos los dones, talentos, características y herramientas con las que él ha sido equipado se pueden aplicar y ellos sentirse útiles. Es contigo primero que él puede ser el protector y llevarte en la parte interna de una acera para resguardarte; abrirte la puerta del auto para asegurarse de que ya estás dentro segura mientras él se sube luego al vehículo, y puede ser tu cuidador al ir a traer el auto en una noche lluviosa y acercarlo donde tú estás para que no te mojes; lograr ser valiente protegiéndote de la oscuridad o de un ruido mediante su abrazo seguro, y alcanzar ser una especie de salvador al levantarte en su espalda para pasarte de un lugar a otro con el fin de que no te resbales. Puede cargar un maletín o maleta por ti para que no lleves peso, y la lista se podría hacer interminable, ya que es contigo que él puede y quiere sentirse un superhéroe. Sé que tú también puedes hacer todas esas cosas, pero baja la guardia; él ha sido diseñado para cuidarte y luego cuidar de su familia. Sé sabia.

Preguntas para meditar

- ¿Tengo claros los conceptos bíblicos sobre mi diseño como mujer, del diseño del hombre o del matrimonio?

- ¿Estoy lista para bendecir a quien Dios quiera con amor entregarme?

- ¿Entiendo las herramientas que poseo para llevar a cabo mi papel?

No te prepares para un mortal, prepárate
para el hijo de un gran Rey.

Oremos juntas

Padre bueno, ábreme los ojos para poder ver cómo fui formada y diseñada por ti. Alumbra mi entendimiento para poder comprender en tu palabra lo que tú quieres decirme a través de ella. Hazme una mujer sabia. Ayúdame a tener claridad, abrazar e interiorizar lo que tu palabra dice de mí, aunque nadie más lo crea a mí alrededor. Dame la confianza de saberme tu hija y devuélveme la inocencia del primer amor, pero contigo. Déjame experimentar amores contigo en esos momentos donde recibo tus abrazos y tus besos. Anhelo estar contigo y cubrirme bajo tus alas, bajo tus brazos, en donde estoy segura. ¡Te necesito!

Capítulo IV

El primer paso hacia el altar

Tu rutina de belleza, pero la más profunda

Las rutinas de belleza del rostro, según los expertos, deben ser repetitivas y constantes en el tiempo. Esto implica realizar las limpiezas necesarias del cutis. Primero, debemos hacernos un examen para saber qué tipo de piel tenemos, considerar la edad y si sufre de acné o alguna otra condición que necesita tratamiento, para así aplicar las cremas y lociones adecuadas.

Cada día debemos retirar la suciedad, el maquillaje, las grasas e impurezas, etc. Y todas las noches, dejar respirar la piel; antes de cada mañana, volver a colocar los nutrientes necesarios. Una y otra vez, todos los días. Pero no solo lo externo es importante, sino también lo interno; la alimentación es crucial en la rutina de belleza. Asimismo, debemos reconocer que nuestra alma necesita ser tratada: lo que debe ser removido, lo que debe ser sanado, y dejar que nuestra alma respire.

Este viaje maravilloso es personal. Toma tiempo para ti sola, conócete primero, reconociendo tus sombras y tus luces, y disfruta de tu compañía. Si no te gusta estar sola, medita en la razón y, junto al Espíritu Santo, empieza ese viaje de intimidad, relación y sanidad en pos de restaurar la comunión contigo misma, que definitivamente debe ser de la mano con tu Creador.

Renuncia, en momentos del día, a tanto ajetreo, ruido y distracciones, y en su lugar, toma espacios de reflexión en tu casa o donde te sientas más cómoda.

Ester, nuestra protagonista, fue llevada a la casa de las doncellas para ser preparada. Ahí pasaría un total de doce meses, recibiendo una preparación especial para el momento más esperado: su cita con el Rey, un encuentro que gestaría un matrimonio.

Esos doce meses estaban divididos de la siguiente forma: seis meses con mirra o aceite de mirra (una hierba amarga) que era la primera rutina de belleza a la que fue sometida. Se sabe que quita las impurezas, trabaja las imperfecciones, sirve para la remoción de toxinas y abre los poros de la piel. Es una planta que limpia, purifica y suaviza la piel. No es un proceso muy agradable, ¡pero es necesario! Es parte de un plan mayor.

Muchas veces, el proceso de aplicación de las hojas de mirra podía ser frotarlas contra la piel, lo cual podía ser doloroso. Esta primera parte de la rutina de belleza tiene que ver con tu naturaleza humana, con todo lo que has cargado y sigues cargando, que no te deja avanzar. Es el accionar del Señor en tu vida al eliminar lo que no te sirve, lo que a Él no le agrada que aún está en ti. Es la primera parte del proceso que prepara el camino hacia el altar.

Es en esta fase donde te quitan lo que no debe permanecer, donde se sacude tu vida para que caiga lo que está flojo y permanezca lo fuerte, lo importante y lo que está verdaderamente arraigado a tu esencia, lo inconmovible. Te aseguro que es la parte que más duele. Es en esta parte del proceso cuando, si lo permites, el Señor quita lo que no es Su diseño para ti. Permite que se laven los recuerdos tristes, las lealtades antiguas, los malos momentos de tu niñez o, inclusive, con parejas anteriores. Es un camino que te conduce a romper con cadenas de amargura y falta de perdón. ¡Permite que este proceso sea liberador!

Después del tratamiento mencionado, que dejaba la piel preparada para lograr el efecto deseado, seguía la segunda fase, los segundos seis meses, que era la aplicación de perfumes de aceites aromáticos y embellecedores. En este momento se impregnaba un olor extremadamente agradable, distintivo y exquisito que quedaba como un sello en la doncella. Donde ella fuese, la acompañaba ese olor maravilloso. Es ese momento de amores donde te llenas de su palabra, de tu identidad en Él, de sus promesas y rendida a Él en tu corazón, estás lista para que entre cada vez más y más en tu vida, ¡hasta que Él se convierte en todo en tu vida! Es el momento de sanidad de toda herida.

Tengo un jabón de baño de un olor delicioso que, al bañarme, lo paso por todo el cuerpo, pues quiero que toda mi piel quede impregnada de su aroma.

*Así es **el amor de Dios en Cristo**. Cuanto más lo conoces, más quieres y quieres restregarlo en cada área de tu vida para que huelas más a Él. Para que tu ser huela más a su amor por ti.*

Durante los primeros seis meses, Ester experimentó el proceso de la limpieza con mirra donde se tratan temas profundos que nos confrontan profundamente. En esta parte nosotras reflexionaremos sobre asuntos como el perdón, el orgullo, la queja, la necedad y dejaremos que se limpie nuestro camino de todo ello, pero así también tocaremos cuestiones como el consuelo y la paz.

El perdón

"¡Él tuvo la culpa! ¿Por qué me hizo esto a mí? ¿Por qué me pasó esto a mí? Yo no merecía esto…". Y así sigue la lista. Existe un dolor profundo con cada decepción que enfrentamos en la vida. Quedan heridas abiertas en el corazón que, muchas veces, sanan con el tiempo; otras veces, queremos mantenerlas abiertas, consentirlas para que sigan así, aunque nos hagan mucho daño. Pero hay un ungüento sanador que es el perdón. Este es uno de los pasos importantes de la rutina de belleza a la que te debes someter al ser limpiada con "la mirra".

Cargamos con heridas y traumas de la infancia que marcaron nuestro corazón y, muchas veces, podemos reconocerlas. Sin embargo, en otras ocasiones son dolores y experiencias que escondemos en nuestro inconsciente, donde aparentemente no nos afectan. La noticia es que, tarde o temprano, la falta de perdón se asoma y se manifiesta de muchas formas, aunque nunca positivamente. Es como esconder algo que se pudre dentro de ti y que en algún momento va a oler mal. Por esta razón, el perdón toma gran relevancia; es una palabra pequeña con alcances poderosos.

Para ilustrar esto, vamos a adentrarnos un poco más en nuestro personaje de Ester. Se nos cuenta que era judía, de la tribu de Benjamín, que perdió a ambos padres (y no sabemos si también a hermanos o a cuántos familiares más); que fue capturada y llevada al exilio muy joven, cuando fue adoptada por su primo Mardoqueo, quien la crio.

Quisiera que, por un momento, pudieras imaginar lo que ella pudo haber visto y experimentado en esos primeros años de vida. Pasó de vivir en Israel, en su casa con su familia, en su barrio que era un entorno seguro y conocido para ella, donde jugaba segura y feliz con sus amigos, a terminar, de repente y siendo aún una niña, a estar en una caravana en malas condiciones, quizá caminando, recorriendo cientos de kilómetros, soportando las inclemencias del tiempo, totalmente insegura y sin conocer el rumbo que tomaría su vida, hasta llegar a un país extraño y opresor, con un idioma y costumbres diferentes, ajenas a ella, y con el agravante de arribar sin el resto de su familia, sino solo con un primo, siendo parte de una minoría.

Te aseguro que ella tuvo heridas y tuvo que pasar por todo un proceso para perdonar a las personas de ese pueblo que la despojaron de lo que, humanamente, tenía más valor para ella. Un pueblo "enemigo" que le hizo daño al quitarle su seguridad, su estabilidad y, de alguna forma, su inocencia, pero que ¡no le pudo quitar su identidad!

Mientras estás en el proceso de embellecimiento con la mirra, maduras. Lo feo que había en tu vida, lo viejo, lo seco, lo muerto salen de ti, y queda en tu vida lo que realmente es importante. Te despojas del pasado, del dolor que ya no te sirve ahora.

Tomas decisiones sabias y esas decisiones te posicionan para entrar a nuevas realidades en tu vida.

Por eso, te motivo a que tomes decisiones y camines firme en pos de la vida que tienes hoy con el único que puede amarte como mereces. Alístate, pasa ese tiempo de embellecimiento.

♦ ¿Sabías que este mundo está caído y las personas toman decisiones, en su libre albedrío, **en ocasiones causándonos daño y lo hacen muchas veces queriendo y otras veces sin quererlo?**

Por eso es tan importante el perdón. Cada día, tomamos esa decisión consciente y liberadora del perdón.

♦ ¿Hay alguien en tu vida a quien debes de perdonar: un padre que te falló, un jefe que te humilló o alguna persona involucrada en alguna situación que te provocó dolor?

Anota y reflexiona:

....

....

....

....

....

....

....

Perdonar no significa excusar un maltrato sostenido, seguirte exponiendo a conductas irrespetuosas o ignorar una conducta que nos lastima; tampoco es la carta libre para que entres o continúes en un círculo de abuso.

Perdonar es tomar conciencia del poder del amor del Rey en nuestras vidas, de ese que es todopoderoso y grande, pero que también está comprometido a amarnos y a dignificarnos todos los días de nuestras vidas. Es procesar y sacar de nuestro sistema, de nuestra mente y emociones, la ofensa recibida, entendiendo que, a pesar de lo ocurrido, estamos hoy en pie por ese amor y que mantener el veneno del rencor no nos beneficia, por lo cual necesitamos dejar ir y cortar con la imaginación en nuestra mente del daño, haciéndolo de forma intencional, neutralizando así todo el efecto negativo que nos estaba causando el mantener guardado el resentimiento y la amargura que no perdonar produce. Y es así que soltamos, con el claro entendimiento de que no somos jueces, sino que hay uno que sí hace justicia y que a Él le entregamos todo, inclusive lo que para ti no tenía perdón, o no le encontrabas sentido o explicación, dejándolo libre de tu condenación, bajo la guía del Espíritu Santo, quien es clave en este proceso. Recuerda que nuestra lucha no es contra sangre ni carne.

Perdonas y sueltas. Esas situaciones difíciles que experimentaste te quisieron dañar o te dañaron, no lo estamos negando y, tal vez, a lo largo de los años no olvides del todo la experiencia sucedida, pero al decidir perdonar, pones alto a un ciclo de tormento (Mateo 18:34-35) y te reinventas en su amor que te llena, te liberta y garantiza que la herida causada ya no se volverá a abrir cada vez que algo te traiga a memoria lo acontecido. ¡Se convertirá en una cicatriz que ya no duele y con el tiempo, tal vez, inclusive se te olvide que una vez estuvo ahí y podrás seguir tu vida en victoria y con una buena esperanza del futuro!

Recuerdo que, meditando sobre este tema, alguna vez tuve una imagen en mi mente que el Señor me dio con respecto a un corazón que no perdonaba. Vi ese corazón lleno de agujeros y El Señor me mostraba que, desde el cielo, Él derramaba bendiciones sin parar para esa vida, pero por causa de que ese corazón estaba como un saco agujereado de falta de perdón, esas bendiciones seguían recto y no se podían quedar dentro por mucho tiempo. El corazón agujereado de falta de perdón no retiene las bendiciones que ya Dios le ha dado.

Por eso te recalco lo importante **del acto consiente del perdón**, porque debido a esa importante decisión, te enfocas en Él y se seca toda amargura, todo resentimiento, todo odio y das lugar a tu vida a tener más espacio para amar, para viajar más ligero, sin cargas que no te corresponden y disfrutas mejor de las promesas que tiene El Señor para tu vida.

Nuestro personaje, Ester, perdonó a los que le hicieron daño de niña y no nos lo indica la Biblia explícitamente, pero lo deducimos por la forma sana en que ella podía interactuar con las personas de Persia con las que convivía y eso le permitió tener un corazón bienintencionado de donde emanaba la belleza más profunda que le abrió un sinfín de puertas de bendición.

"El corazón alegre hermosea el rostro; mas por el dolor del corazón, el espíritu se abate"
Proverbios 15: 13 (Reina Valera, 1960)

El perdón no es exclusivo para dárselo a los demás, muchas veces el perdón tendrás que aplicártelo a ti misma, por lo que te cobras de tus errores del pasado que de alguna forma te persiguen en tu mente y te sabotean. Un ejemplo es la culpa que podemos cargar los padres con hijos que hemos pasado por un divorcio. El daño hecho a los hijos puede perseguirnos toda la vida si no nos perdonamos por las circunstancias vividas.

La palabra *Satanás* en hebreo significa *"el acusador"*. Así como lo lees. Entonces no te sorprendas de que sea él quien traiga a tu mente un diálogo interno que te descalifica, que te critica, que te detracta, acerca de tu ser o acerca de algún evento pasado; que te visitará como una imagen, un sentimiento o una impresión dentro de tus pensamientos, o muchas veces usará a personas que te recordarán tus defectos, tus equivocaciones, o que van a recapitular un evento de tu pasado solo para subrayar tus errores con el fin de herirte o mantenerte cautiva ahí.

El pasado no tiene poder

¿Cuántas veces nos han señalado por algún error del pasado? ¿Cúantas veces te lo haces a ti misma?

"Ahora, pues, ninguna condenación hay para los que están en Cristo Jesús, los que no andan conforme a la carne sino conforme al espíritu"
Romanos 8: 1 (Reina Valera Antigua)

Al pasar del tiempo, tal vez ya nadie se acuerde de tu error, pero tú puedes ser muy dura contigo misma y no solo reclamarte lo pasado, sino escuchar la voz del acusador todos los días y aliarte con él, ya que solo tú puedes darle el permiso para seguirte denunciando una y otra vez algo que ya no es más. Por tanto, te animo a que si el acusador llegara de nuevo, por cualquier medio, sean otras personas o tu mismo diálogo interno, detenlo o no te expongas más. Solo tú le puedes dar el poder dentro de ti para afectarte.

¡Haz un alto a la acusación! ¡Detenla!

Como le dijo Jesús a la mujer encontrada en adulterio, plasmado en Juan 8:10-11(*Nueva Versión Internacional*):

> *"Entonces él se incorporó y le preguntó:*
> *¿Mujer, dónde están? ¿Ya nadie te condena?*
> *Nadie, Señor.*
> *Jesús dijo: Tampoco yo te condeno. Ahora vete y no vuelvas a pecar".*

La parte de *"no vuelvas a pecar"* viene precedida por el *"yo tampoco te condeno"*. Esa no condenación nos trae una libertad sin precedentes. No te autosabotees más. Así que suelta, rompe, quita de raíz esa condenación por ese error que has cargado. Ya el pasado es un cheque cancelado, ya se cobró y no se te puede cobrar una vez más, el pasado es el tiempo anterior y tú no ya perteneces ahí. No debes de consentir más la culpa en tu vida. El mayor ejemplo de perdón lo recibimos de Jesucristo. ¡Recibe el regalo precioso del perdón y el amor de Jesús por ti! Si tú crees en Él, él ya no mira tus errores, no te los cobra, él vino a pagarlos y ya lo hizo hace más de dos mil años. ¡POR AMOR A TI!

Mientras escribía esta primera parte del libro, mientras leía el primer capítulo de Ester, recibí esta imagen que quería compartir contigo. La lectura nos dice que el rey Asuero, después de haber mostrado durante 180 días las riquezas de la gloria de su reino, el brillo y la magnificencia de su poder a todos los hombres más poderosos de Persia y Media, realiza otro banquete en el huerto del palacio real por otros siete días, pero esta vez dirigido a todo el pueblo, a grandes y pequeños, en el cual ofrece del vino real en vasos de oro de acuerdo con su generosidad a todos. La palabra generosidad, utilizada en este texto, es literalmente "mano abierta" en hebreo, así que nos ilustra que el rey ofrece vino sin limitaciones; todo lo que se quiera consumir, pero da una ley que condiciona esa cantidad en que se puede disfrutar y lo leemos en Ester 1:8 *(Reina Valera, 1960)*:

"Y la bebida era según esta ley: que nadie fuese obligado a beber; porque así lo había mandado el rey a todos los mayordomos de su casa, que se hiciese según la voluntad de cada uno", de tal modo que el vino se repartió libremente, pero solamente la cantidad que cada uno quería, sin más ni menos que eso, sin ser obligado por nada ni nadie.

Hago un paréntesis a nuestra historia para hablarte de este gesto extraordinario, dado que el vino real representa la sangre de Jesús, la sangre de Dios hecho hombre derramada para la propiciación, justificación, redención y expiación de nuestras faltas, o sea, para nuestro perdón total. ¡Y que es ofrecida a todos, pero que nadie está obligado a tomarla ni recibirla, sino que cada uno puede aceptar este inmereci-do regalo y tomar de la gracia contenida en ese acto maravilloso de la entrega de su vida en la cruz y de esa sangre preciosa que nos redimió y nos liberta tanto como desee! La salvación es para todos, el perdón es para ti y lo único que la condiciona es nuestro libre albedrío: que la queramos o no, que la tomemos o no, que la aceptemos o no y tam-bién decidimos cuánto tomar de ella.

Hay una costumbre judía en que para ciertas celebraciones la copa de vino tiene que rebosar hasta que se desborda de la cantidad que hay, se sobrepasa la capacidad de la copa y cae el líquido. ¿Quieres vino que simboliza la sangre que te perdonó? Pues, ¡adelante! Toma. ¿Quieres mucho? Pues, toma mucho. ¿Quieres poco? Pues, toma poco. ¿Lo quieres hasta que ya no puedas más? Pues, tómalo todo hasta que quedes completamente saciada de su perdón, amor y gracia. Se ha preparado exclusivamente para ti. Es un flujo constante que no se acaba, no se detiene, hay cielos abiertos. El límite solamente lo pones tú.

No puedes dar lo que no tienes, es por eso que recibes primero el perdón para poder perdonar. Lo aceptas y te llenas de él completa-mente porque su perdón no tiene límites para ti en Cristo, para que, llena de esa paz que produce el saberse absolutamente perdonada, puedas ofrecerlo a otros.

Medita en algo que no te has perdonado:

....

....

....

....

....

....

....

....

Oremos juntas

Señor bueno, quiero perdonar, ayúdame. Quiero ser libre de toda atadura que me impida vivir, reír y amar con libertad. Quita de mí todo lo que deba ser quitado. Saca de mí toda falta de perdón a mí misma y a otras personas, saca todo dolor del corazón que haga que en algún momento mi espíritu se angustie y revélame en qué áreas tengo que soltar y dejar ir a quienes me han hecho daño. Ayúdame a que pueda dejar atrás y enterrar toda falta de perdón y dolor para que mi corazón esté alegre y eso refleje una hermosura diferente en mí. Te lo pido, Padre, en el nombre de tu hijo amado. Amén.

Fuera con el orgullo y el egocentrismo

"Porque habrá hombres amadores de sí mismos, avaros, vanagloriosos, soberbios, blasfemos, desobedientes a los padres, ingratos, impíos, sin afecto natural, implacables, calumniadores, intemperantes, crueles, aborrecedores de lo bueno, traidores, impetosos, infatuados, amadores de los deleites más que de Dios, que tendrán apariencia de piedad, pero negarán la eficacia de ella; a estos evita"

2 Timoteo 3:2-8 (Reina Valera, 1960).

Según la psicología, tener buena autoestima es tener un buen concepto, aprecio o consideración de uno mismo, y se establece como un elemento muy valioso en tu mente, para tus emociones y como una herramienta básica para enfrentar la vida. Solemos confundirlo con soberbia o con la idea de que debemos tener en alta estima nuestras fortalezas, o con conceptos como el orgullo, que es el exceso de estimación hacia uno mismo y hacia los propios méritos, por los cuales la persona se cree superior a los demás.

En cambio, el amor propio tiene que ver con el concepto que uno tiene de sí mismo, ligado a la dignidad humana y a un concepto más profundo de tu ser como persona.

Basado en el texto citado arriba de 2 Timoteo 3, el término "amadores de sí mismos" o "ser una persona vanagloriosa" está ligado a los tiempos peligrosos de los que habla el Apóstol Pablo en ese capítulo 2 de la carta a Timoteo. Ese amor a sí mismo que las tendencias modernas promueven que cultivemos en este tiempo es un amor desproporcionado que, incluso, si lo analizamos, supera al amor de Dios. El enfoque es humano, por lo tanto, falible.

Para lograr elaborar un concepto personal de lo que aceptamos como atributos buenos o malos, solemos hacer comparaciones con nuestros modelos sociales adquiridos y muchas veces impuestos por nuestra sociedad o entorno. Ellos nos dan una guía o, por decirlo de otra forma, nos empujan a una idea de persona socialmente aceptada o rechazada, quien se considera "ganadora" o, por el contrario, "perdedora". Nos ponen una marca cada vez más alta a la que anhelamos llegar o intentar alcanzar. Esta marca hoy se fundamenta en valores efímeros, superficiales, muy frágiles y, por lo tanto, peligrosos, ya que nos llevan a vivir comparándonos con otros.

Si meditas en esto, dichos criterios de éxito actuales son poco realistas, distorsionados y nos conducen a estilos de vida hedonistas, egocentristas, y lamentablemente ese amor propio lo basamos en lo que se logra, se tiene o se posee. La opinión de los demás nos mueve y buscamos afirmación en el qué dirán.

Esta mala concepción del "amor propio" o de buscar una buena autoestima que se basa en fundamentos externos está haciendo estragos cuando la gente sigue patrones del mundo y trata de llenar las expectativas que el comercio a todo nivel está generando en las personas; principalmente en las mujeres, quienes, por ejemplo, llegan a someterse y a exponerse a cirugías caras y peligrosas, con tal de parecerse a los modelos referentes de belleza dados por la sociedad, o se someten a dietas contraproducentes para adelgazar. Por su parte, esa presión social dirige a los hombres a consentir negocios ilícitos con tal de tener dinero que los hace ver exitosos frente a los que están alrededor.

Al respecto, el apóstol Pablo, en Romanos 12:3 (*Nueva Versión Internacional*), nos dice: "*Por la gracia que se me ha dado, digo a ustedes: nadie tenga un concepto de sí más alto que el que debe tener, sino más bien piense de sí mismo con moderación, según la medida de fe que Dios le haya dado*".

¡Mucho cuidado! La careta de "supermujer" y de "yo todo lo puedo sola", la idea de la "mujer independiente y empoderada", incluso rayando a veces en rudeza o violencia, es una invención de este sistema. Detrás de creerte superior, autosuficiente y con un concepto muy elevado de ti misma como estilo de vida, sin arraigo ni vulnerabilidad, se esconde una trampa. Hoy en día se comercializa este concepto, pero cambia el propósito de la vida por sensaciones e impresiones pasajeras. Es perder el rumbo porque se reemplaza la satisfacción duradera de cumplir tu finalidad en la vida, entendiendo quién eres y qué necesitas, por la satisfacción momentánea de la emoción. Y es que somos dadas a ponernos etiquetas y nos convertimos en: "la mamá de", "la esposa de", "la gerente de", "la hija de", y nos olvidamos que somos un valioso ser humano. Todo el amor y cuidado que necesitas proviene del amor más maravilloso que puedas imaginar. Resolver todo siempre con tus propias fuerzas solo causará que te desgastes y te canses, mientras que descansar en los brazos de Dios y dejar que Él dirija tu vida es la mejor decisión. No tienes que cargar el mundo en tus hombros sola. No estás sola. Confía en Dios. Confía. Cierra los ojos y mírate envuelta en los brazos de Dios. Él tiene el más precioso, dulce y amoroso cuidado de ti. Sí, Él cuida de ti. Observa su mirada y su sonrisa mientras te abraza. Siente un calorcito en tu corazón mientras te envuelve su gracia y su favor. Disfruta de su caricia suave en tus manos. Deléitate en Él y en su amor. Respira su amor y exhala lo que te preocupa. Respira su amor y exhala tus miedos.

Respira su amor y disfruta su compañía. Respira su amor y escúchalo decirte… te amo. Quédate un ratito así, siendo amada, cuidada y valorada. Respira profundo su amor y ahora sí, sal a vivir.

Quiero que medites en que, contrario a todo eso que nos motiva a buscar esta sociedad, en la Biblia el Señor nos motiva a ser sacrificios vivos para Él. Que no nos importe lo que el mundo piense de nosotras, sino lo que Él, nuestro Creador y Hacedor, piensa de nosotras. Nuestra confianza no está en nuestra carne. Más bien debemos trabajar diariamente para que pierda fuerza la carne en nosotras.

"Con Cristo estoy juntamente crucificado, y ya no vivo yo, más vive Cristo en mí; y lo que ahora vivo en la carne, lo vivo en la fe del Hijo de Dios, el cual me amó y se entregó a sí mismo por mí"
Gálatas 2:20 (Reina Valera, 1960)

Mi valor me lo da Cristo, y ciertamente en Filipenses 4:13 se nos llena de valentía al indicarnos que: todo lo podemos en Cristo que nos fortalece. Ese versículo me ha dado mucho ánimo a través de muchas circunstancias adversas y oscuras de mi vida, cuando he pasado por alguna tormenta, pero es muy claro en indicarnos, amadas, que es en Cristo que todo lo podemos sobrellevar, no es en nuestras fuerzas y con nuestros talentos. Es en Él, meditando en su amor, en su poder, en su misericordia, en su soberanía, en su sabiduría, en su bondad, en su belleza. Muchas veces, enfocarnos en las muchas o pocas fortalezas, talentos o habilidades que tenemos se convierte en un gran tropezadero y aparta nuestra mirada de Jesús. No quites los ojos de Jesús para ponerlos en un valor propio que te asigne el mundo. Entregar tu valor a conceptos psicológicos es muy peligroso. Sigue viendo a Cristo y mírate en Él. Él es quien te da tu valía, tu importancia, tu fuerza, tu sabiduría.

Experiencia personal

Tenía yo veintiún años, físicamente podría decir que era bonita, inteligente. Además, estaba estudiando leyes en la mejor universidad del país, con buena posición social y muchos atributos que eran los que definían que yo me sintiera aceptada e importante. Por esa razón, Dios no estaba en la ecuación de mi vida en ese momento, dado que yo me bastaba y lo que el mundo decía sobre mí me era suficiente. En pocas palabras, me sentía la dueña del mundo. Todo ese enfoque materialista había hecho que fuera egoísta, orgullosa y autosuficiente. Acepto que eso no es solo tema del pasado, sino que sigo lidiando con ello, pero hoy mi corazón y mi entendimiento al respecto es otro. Una experiencia de vida que te contaré en el tema de "El Señor consuela" me cambió la vida e hizo que pasara yo de estar en el trono de mi vida, con un corazón altivo y desafiante, a cederle el trono al Señor y entregarle mi vida. ¡Qué alivio! Y es que el Señor habla mucho del orgullo en su palabra, como te mostraré a continuación:

> *Salmos 101:5: "Destruiré al que en secreto calumnia a su prójimo; no toleraré al de ojos altaneros y de corazón arrogante".*

> *Oseas 13:6: "Cuando comían sus pastos, se saciaron y, al estar saciados, se ensoberbeció su corazón; por tanto, se olvidaron de mí".*

> *1 Corintios 4:18: "Y algunos se han vuelto arrogantes, como si yo no hubiera de ir a vosotros".*

> *Habacuc 2:4: "He aquí el orgulloso, en él su alma no es recta; mas el justo por la fe vivirá".*

> *(La Biblia de las Américas).*

No seamos orgullosas en decir "todo lo puedo". El orgullo es un mecanismo de defensa que activaste; es un muro que levantaste porque no sabías que ya contabas con todo el amor que necesitas. Hay que dejar a un lado el orgullo si uno quiere tener relaciones saludables y honestas. Humilla tu corazón delante de tu Padre en el cielo y deja que su amor derrita todo orgullo. Deja que Él pueda poner a raya tu ego y así sea más fácil el proceso de cambio. Bájate del trono si es ahí donde te has colocado. No trates de ganar el mundo perdiendo tu alma (Mat. 16:26).

El amor propio tiene que ver con el amor del que yo me apropio y que lo pagó Jesús por ti. Él te entregó el amor que necesitas. El apóstol Pablo y el profeta Habacuc nos hablan de tener un concepto personal según la medida de fe que Dios nos haya dado. Nuestro concepto va de acuerdo con cuán amados y perdonados nos sepamos de Jesús. Eso nos da la verdadera referencia para sentirnos valiosas. Cuando lo vemos a Él maravilloso, grande, poderoso, santo y sublime y nos ubicamos en que somos pequeñas, frágiles y finitas, es cuando es más fácil arrodillarnos en busca de un salvador para nuestra vida y nuestra alma y, en ese entendimiento, fluye la vida de Cristo en nosotros.

Una casa no te hace más valiosa, ni un carro, ni un cuerpazo, ni que hables cinco idiomas, ni que tengas mucho dinero. Todo eso es bueno, pero no es lo que define tu valor.

No eres lo que haces.

No eres lo que tienes, logras o posees.

No eres las etiquetas o mentiras de tu pasado.

Eres una hija muy amada del Señor y
vales la sangre de su hijo amado.

No te quejes

La queja es un disgusto que se tiene por el comportamiento de alguien. Es cuando pones tu mirada en el hombre en lugar de ponerlo en Jesús, en las bendiciones que Dios ya te ha dado. No tener el enfoque correcto hace que no tengas un corazón agradecido, sino lleno de reclamos. No estás satisfecha.

- ♦ No hay poder en la queja.

- ♦ No hay manifestación de la gloria de Dios en la queja.

- ♦ Una mujer que se queja no es atractiva, te lo puedo asegurar.

Escúchate ¿eres fuente de queja? "No hay hombres
buenos, yo no sirvo para tal cosa, los hombres solamente
buscan sexo, todos los hombres son iguales, a mí me pasó esto
y me va a volver a pasar, perro que come huevos, etcétera". En
nuestra sociedad, la gente se acostumbra a quejarse o a estar
criticando, se acostumbra a ver el punto negro en la hoja en
blanco, pero después de este proceso de limpieza con la mirra,
¡ya tú no! No edificas nada criticando o quejándote.

Aunque lo hagas en voz bajita, al Señor no le agrada.

"Ni murmuréis, como algunos de ellos murmuraron, y fueron
destruidos por el destructor. Estas cosas les sucedieron como ejemplo y
fueron escritas para nosotros, para quienes ha llegado
el fin de los siglos".
1 Corintios 10: 10-11 (Biblia de las Américas)

Esta palabra lleva nuestro nombre, ahí indica que ha quedado escrito
para enseñarnos a nosotras.

Entonces… ¡Cambia tu enfoque!

Es posible que te quejes, ya que es un mecanismo de defensa propio
del ser humano ante situaciones difíciles que has vivido y que se han
convertido en fuentes de amargura. Sin embargo, eso no te hace bien;
la queja te carcome por dentro y no logrará ningún resultado positivo.
Al contrario, te llenará de creciente frustración. Ese diálogo interno
de descontento es como un veneno que te afecta, y con el tiempo, tu
cerebro se acostumbra a la queja. Agradece incluso por lo que das

por sentado. Toma una nueva actitud y cambia la queja por agradecimiento. En lugar de enfocarte en lo que está mal, mira lo positivo. Poco a poco irás generando un cambio maravilloso en tu vida y en tu entorno, porque hay un cambio ocurriendo en tu corazón.

También me he dado cuenta de que podemos tomar, sin querer, por esas heridas que cargamos, el papel del acusador que te expuse arriba y nos convertimos en verdugas de las personas que en algún momento nos hicieron daño y nos encargamos de hacérselos saber de muchas formas. No tomes el papel de Satanás (el acusador) en la vida de alguien. Ni juez, ni acusador. Ese no es tu rol.

Con el Espíritu Santo entrega tus frustraciones, arrodíllate y abre tu corazón, que su luz alumbre todos tus lugares oscuros.

Ester fue notificada sobre una muy mala noticia. Amán, un enemigo de su primo Mardoqueo, había emitido un edicto cuyo fin era no solo destruir a Mardoqueo, sino también al pueblo judío en su totalidad. Ella dudó por un momento sobre lo que tenía que hacer, porque sus ojos se enfocaron en lo natural. Eso, amada amiga, nos pasa constantemente. Dios nos da un camino que es bueno y agradable, pero tenemos duda de seguirlo porque implica salirnos de nuestra zona de confort.

Mardoqueo le dijo a Ester que la única salida que el pueblo judío tenía era que ella se presentara ante el rey y le contara lo que ocurría con el fin de que detuviera ese plan malvado. Pero ella le indicó a su primo Mardoqueo que el riesgo era muy alto para ella y que podía morir al intentar ingresar a ver a su esposo, el rey, sin ser invitada. Sin embargo, su primo (quien luego veremos que es símbolo del Espíritu Santo) la ubicó en que la mala noticia; o sea, el decreto legal firmado, era una sentencia de muerte no solamente sobre su pueblo, sino sobre ella también y, a la vez, le lanza un desafío santo:

¿Será que eres reina para un momento como este?

¿Amiga, será que todo lo que has vivido y te ha ocurrido te ha posicionado para ser la mujer que eres hoy y para ejercer el llamado que Dios tiene para ti?

En lugar de reclamar, podrías ver esas circunstancias duras y, tal vez, dolorosas de donde valientemente saliste y entender que fueron parte del crecimiento, la madurez y construcción de la valiosa y preciosa mujer que eres hoy. En lugar de murmurar, deja la queja en la cruz. Despójate de ella.

Eliminar la queja es un asunto de vida o muerte. Asumir tu responsabilidad en el proceso es de vida o muerte. Sé que fue duro lo que pasaste, pero ya quedó atrás, así que hoy puedes tomarlo para tu bien o para tu mal.

Recuerda que tus palabras pueden ser dadoras de vida o de muerte, así como dice Proverbios 18:21 *(Reina Valeria,1960)*:

*"La muerte y la vida están en poder de la
lengua, y el que la ama comerá de sus frutos".*

Prométete que, de ahora en adelante, vas a actuar en la palabra de
Dios, no más en la queja y dejarás que esa palabra de vida actúe en tu
vida y sea la que te dirija y sea de la que hables.

Ester aceptó el reto ¿Qué te impide hacerlo tú?

....

....

....

....

....

....

¿Cuáles situaciones en tu vida te impiden caminar con Dios como
Él quiere que camines?

....

....

....

....

....

....

Fuera al espíritu de mentira y adivinación

La adivinación se puede definir como descubrir por conjeturas algo oculto o ignorado. La mentira es la expresión o manifestación contraria a lo que se sabe, se piensa o se siente.

Es demasiado común escuchar cómo los hombres se quejan de que no pueden descifrar lo que les decimos o lo que llamarían el "lenguaje de las mujeres". Hasta nos entretenemos viendo a muy buenos comediantes que nos hacen reír, donde entre sus mofas y chistes resumen que cuando nosotras decimos que no, es sí; o que cuando decimos que sí, es no; o que cuando nos preguntan si algo nos pasa y respondemos que "nada", hay peligro porque significa que algo muy malo ocurrió y que se tienen que preparar para lo peor. Y amiga, tú sabes que mucho de eso es verdad. Cuando tu esposo, pareja o incluso alguien muy cercano no llena alguna expectativa en algún tema, es posible que, al expresar un desacuerdo o tus expectativas sobre ciertos temas, no seas completamente clara en tus palabras. Tal vez incluso no estés segura de lo que piensas en algunas ocasiones, pero en lugar de ser directa y asertiva, esperas que él adivine lo que sientes, piensas o esperas. Este método de comunicación les da a los hombres una tarea difícil, ellos no son adivinos, no tienen ese sexto sentido que nosotras poseemos. Es necesario hablarles de manera clara y precisa.

En Mateo 5:37 (*Reina Valera, 1960*) nos dice Dios por medio del Apóstol: *"Pero sea vuestro hablar: Sí, sí; no, no; porque lo que es más de esto, del mal procede"*.

Obviar tus sentimientos para transmitir un mensaje, o incluso llegar a mentir cuando dices que sí a algo, sabiendo muy bien que querías decir no, no es saludable. No puedes esperar que lo que es lógico y obvio para ti lo sea para cualquier otra persona, y especialmente para quien vaya a ser o sea tu esposo.

Cuando digo ser asertiva en lo que comunicas, significa hacerlo tranquila, gestionando tus emociones, sin acusaciones, sino desde la razón más que desde tus sentimientos, pero usando las palabras correctas y verdaderas para expresar la situación. No culpas a la persona, sino que hablas de la situación. No eres ni la mamá de tu esposo ni mucho menos su juez, pero sí eres ayuda idónea para él y le vas a ayudar a mejorar. Pídele al Señor sabiduría para poder ser sabia, edificar tu casa y que tu sí sea sí y tu no sea no.

No esperes que tu esposo adivine tus preocupaciones o sentimientos; compártelos con claridad, principalmente cuando algo no te guste o te incomode. Compártele tus necesidades y las cosas que te gustaría que hiciera, así como las que no te gusta que haga. Con inteligencia, con amor, con palabras que construyan.

Saca el sexo de la ecuación

Incluyo aquí este tema, dado que es algo importante que no podemos pasar por alto.

Mujer valiosa, tú no eres un negocio, tú no eres una mercancía, tú no eres un objeto. Una de las consecuencias de la caída en el huerto del edén es el enfoque equivocado del sexo.

El enamoramiento es una fase de conocimiento profundo de la pareja en la que se construyen las bases de la relación, pero hoy, grandes y chicos estamos bombardeados por imágenes e imposiciones culturales acerca del sexo y de la sexualidad del ser humano que tratan de integrar la práctica de las relaciones sexuales antes del matrimonio como parte del enamoramiento.

Te voy a ser clara en una sola idea que no es popular, pero es lo que la palabra de Dios nos dice.

Mientras no estés casada, saca el sexo de la ecuación.

¡El sexo es maravilloso! Pero tiene un momento apropiado en una relación de pareja y es dentro del pacto matrimonial. Punto.

"Huyan de la fornicación"
1 Corintios 6:18 (Nueva Biblia de las Américas)

Si la puerta a una relación con alguien es el sexo, esa relación está destinada a ser vulnerable y a terminar mal. Tu Creador es más inteligente que tú, y Él te dice en su palabra qué no se debe hacer.

Me llama la atención que este es el único pecado del que el Señor nos dice enfáticamente que huyamos. La directriz es clara y firme, y por eso quiero recalcarte que se sabe que cuando una relación sexual se da, propicias no solo unidad entre las partes, sino que se producen en ti hormonas como la oxitocina y la serotonina, así como neuroquímicos como la dopamina.

Si esa persona no te conviene, te será muy difícil darte cuenta o reaccionar a tiempo para poder cortar esa relación, porque ya hay toda una maquinaria química pidiéndote otro encuentro sexual con esa persona. Incluso puedes generar una adicción que te costará muy caro.

El sexo no es amor, no te dejes engañar. El sexo se ha convertido en un negocio, en una transacción, pero tú ya no eres parte de ese juego malvado. El amor produce emociones, pero no es una emoción; el amor es una decisión. Una definición de amor que me gustaría exponer aquí es que es una entrega sacrificial para el mejoramiento del otro.

La sexualidad es una parte importante de la muestra de amor que se da en una pareja comprometida, pero es el último eslabón para mostrar amor en un matrimonio. Es una herramienta valiosa para crear lazos de intimidad entre un hombre y una mujer que se aman (se sacrifican el uno por el otro) y están en una relación de pacto, incluyendo la procreación como una consecuencia maravillosa de realizar esa conexión física. Sin embargo, si se desvía la forma en que este acto precioso fue diseñado, minará tu autoestima y tus emociones en vez de fortalecerlos. Puedes terminar exponiéndote de formas que luego puedes lamentar. Hay una unión muy profunda cuando se tiene un encuentro sexual; no solo dos cuerpos se unen, sino dos almas que se vuelven una misma. El Señor sabe que eso no conviene hacerlo a la ligera. Un hombre puede dañarte mucho si le abres la puerta de tu alma por medio de relaciones sexuales, dejando un vacío cuando no se hace dentro de los parámetros para los que fue creado.

Te aseguro que, si un hombre te quiere para algo serio, nunca te condicionará en este tema, ya que él no querrá satisfacer su carne de forma egoísta y sin cuidarte a ti. Él sabe muy bien sobre el respeto y la dignidad que tienes como mujer, y está dispuesto a darte a ti más de lo que tú le puedas dar.

Si te compromete en esta área,
no te conviene.

Quiero señalarte que, dentro de la relación matrimonial, deberías tener una muy buena vida sexual con tu esposo. Que nada se interponga en eso: ni una sexualidad dañada, ni una falta de perdón hacia él por algo, y jamás entrar en un juego de manipulación por sexo. Busca ayuda para perdonar situaciones sexuales traumáticas pasadas, algún muro que hayas levantado por algo que él te hizo, complejos con tu cuerpo que cargues, mitos que has abrazado y revisa las intenciones de tu corazón si quieres lograr algo de tu esposo al limitarlo en la obtención de su satisfacción sexual, negándosela por situaciones que no sean realmente importantes o de salud. Satanás nos ha engañado, y las parejas quieren tener sexo regularmente antes del matrimonio, pero en cuanto entran al matrimonio, muchas empiezan a tener problemas en este tema de diversas índoles. Eso hay que revisarlo también delante del Señor, amada, ya que dentro del matrimonio, de un matrimonio sano y de pacto, el apóstol Pablo nos recomienda no negar nuestros cuerpos a nuestro cónyuge, y eso definitivamente es sabiduría de Dios dentro del matrimonio. Te recuerdo que tu cuerpo ya no te pertenece (1 Corintios 7:1-5).

Las mujeres también podemos gozar de placer en las relaciones sexuales porque hemos sido dotadas de hormonas y muchas terminales nerviosas en diferentes partes de nuestro organismo que nos provocan gran satisfacción sexual. Así que satisfacer a tu esposo por amor a él y por obedecer al Señor en sus consejos no va a ser algo feo, obligado o denigrante para ti; eso no es cierto. Además, te dejo este consejo de abordar el tema desde una perspectiva de entrega para que tenga un sentido más profundo la unión y conexión sexual plena con tu esposo. Eso se habla poco dentro de las esferas de las iglesias, pero es una realidad. Disponte a amar a tu esposo por medio de una sexualidad con propósito.

¿Sabías que las doncellas convocadas a casarse con el rey debían ser vírgenes?

Podrías pensar: "pero, de todos modos, no soy virgen", o tal vez: "ya estoy teniendo relaciones sexuales con mi novio". Mi intención no es condenar ninguna conducta; no soy juez de nadie. Pero las letras contenidas en la Biblia traen vida y dirección para nuestro bienestar, y eso es lo que te comparto en este tema.

Si ya no eres virgen y estas palabras que te expongo te han llevado a revisarte y meditar, no te revuelques en la duda o condenación, dado que esto, amada amiga, no es el propósito de este libro. Quiero decirte que hay una virginidad más importante que podríamos analizar: una virginidad más que física, una virginidad emocional y espiritual, y eso se logra cuando entramos en un **proceso de renovación.**

En este proceso, nuestra mente es transformada por el amor de Dios, que fue capaz de darse totalmente por ti. Es un estado al que llegas en donde tu pasado no importa, sino Cristo y Cristo en ti. Es cuando quedamos como si nada de lo anterior hubiera pasado, porque el sacrificio en la cruz lo pagó todo y es suficiente.

Como persona, puedes volver a empezar y, como pareja, también.

¡El Señor hace todas las cosas nuevas!

Una nueva creación. Eso eres. En Jesús recobramos la inocencia que solo seguir el diseño de tu Padre para ti te puede dar.

Preciosa amiga, cuando ese hombre que Dios tiene para ti, tu amado, te vea y te conozca, va a reconocer en ti esa belleza interna que sobrepasa el valor de las joyas más preciosas y reconocerá la virginidad de tu corazón. Nos convertimos en tesoros al ser cartas abiertas con integridad.

Te comparto este pensamiento que leí en una publicación en redes sociales) y me parece que merece la pena reflexionar:

> *"El mundo pretende preparar a una mujer para que un hombre la use por un momento. El Evangelio, la palabra de Dios, la dirige y la capacita para que por el resto de su vida un hombre la ame".*

Dejar la necedad y el anhelo de dominar

En Génesis 1:28 leemos que Dios da una bendición tanto al hombre como a la mujer, y enfatizo que la bendición es para ambos: ser fructíferos juntos, multiplicarse juntos, llenar la tierra juntos y someterla o dominarla juntos. Pero eso también cambió con la desobediencia. Lamentablemente, somos testigos de una sociedad en la que hay una tendencia a ejercer dominio o control del uno sobre el otro, en lugar de llevar a cabo lo delegado a ambos por el Señor en unidad y acuerdo.

Rindamos delante de Dios nuestro anhelo de dominar y dependamos de su sabiduría. Busquemos su guía en estos temas con humildad. Entender que no se trata de mí, sino de Cristo en mí, es alentador. Deja de tomar todo en tus manos y creerte sabia en tu propia opinión. Eso es dejar la necedad atrás y abandonar las conductas dañinas que seguimos porque todos lo hacen, porque la sociedad lo impone o porque ya me había acostumbrado. Desaprende y aprende de nuevo.

En el fútbol, cuando un jugador te sigue de cerca y estorba tu avance, se dice que te está haciendo una buena marca. Al permitir esa marca, el resultado es que no te deja jugar en libertad para realizar tu misión encomendada en el juego. Pues desmárcate. Tengamos la humildad para reconocer nuestros errores, arrepentirnos y empezar de nuevo. Tengamos la humildad para pedir el consejo bueno y oportuno en nuestra vida.

Activa tu fe

Quiero contarte que, mientras esperaba a que mi esposo, Migue, llegara a mi vida, no estuve pasiva, sino activa. No solo era oidora de la palabra de Dios, sino que trataba de ponerla en práctica en mi vida en todo lo que podía. Estuve ocupada en los asuntos de nuestro Padre.

Así como cuando Jacob mandó a su siervo a buscar una esposa para su hijo y heredero Isaac, y ese hombre encontró a Rebeca trabajando y activa en el plan y el propósito de Dios, nosotras también debemos estar con ese enfoque cada día de nuestras vidas. Nada de sentarnos a esperar al príncipe azul. Disfruta tu vida hoy con Dios. No estás sola. Que se note que tu vida está llena de su vida.

Cuida de ti: ve al gimnasio, practica algún pasatiempo, cocina, lee, asiste a grupos o eventos culturales, cuida una mascota, colabora en organizaciones que provean bienestar a otras personas, especialmente si asistes a una iglesia. Siembra tu tiempo, dones y talentos en mejorar la vida de los demás. Todo eso forma parte de mantenerte dinámica. No quiero decir que te llenes de actividades que te desenfoquen o que al final maquillen alguna carencia interna, sino actividades que también aporten a tu crecimiento personal, en libertad.

Mantente visible en sus proyectos, sé tú misma, disfruta tu momento y no te escondas. Leí por ahí que era una mujer tan virtuosa, pero tan virtuosa que nadie la halló. O tan escondida en Dios que nadie la halló.

Prepárate en los temas importantes. Sé parte de estudios bíblicos o grupos de oración. Seamos sabias y sembremos para el espíritu en todo momento que nos sea posible. Yo asistí a las charlas para matrimonios de mi iglesia durante cuatro años; nunca fui a una charla de solteros porque no quería prepararme para mi soltería, sino para ser la mejor esposa. En cosas como esas uno activa su fe. Hoy, Migue y yo no solo asistimos juntos a una congregación espiritual, sino que somos miembros del equipo de Matrimonios de la Iglesia Semilla de Mostaza, a la que asistimos en San José, Costa Rica.

Ora y mantente orando por tu esposo, aunque no lo conozcas. Es una comunicación fluida y diaria que te llena. Las mujeres amamos conversar, así que aprovecha. Hablar con el Rey es esencial. Ora en todo momento. Crea esos espacios de comunicación donde hay un emisor y un receptor de un mensaje claro. No te conviertas solo en la que habla; da tiempo para que lo escuches, porque Él también quiere hablarte.

Es en esos momentos cuando entendemos que fuimos y seguimos siendo limpiadas, vestidas y revestidas, y además, ubicadas en el lugar donde tenemos que estar, dentro de sus planes, porque vivimos en su corazón y Él vive en el nuestro. No tenemos que esperar a que haya prueba en nuestras vidas para orar, sino que podemos crear una vida manteniéndonos expectantes de ver al Señor actuando a favor nuestro en todo momento.

Crear tus momentos de oración en medio de cualquier circunstancia es vital, y Ester nos dio un vivo ejemplo de eso. Ester decidió hacer ayuno y convocar a todos a su alrededor a hacerlo para prepararse en el ámbito espiritual. Ahí esperaba recibir la sabiduría, la gracia, las palabras y herramientas necesarias para poder ser recibida por el rey y pedir lo que necesitaba, con la expectativa de recibir una respuesta positiva a su petición, en función de la fe que estaba aplicando. ¡Sabía que ya las herramientas humanas quedaban cortas!

Estaba ella frente al rey, frente a su amado, en la cena que había preparado, pero también frente a su enemigo, el que la sentenció a ella y a su pueblo a muerte. Es en esa angustia que ella le habla al rey, le cuenta lo que la atormenta, sus desafíos y derrama su corazón delante de él. Su rey le contesta inmediatamente su petición con un sí.

Las respuestas del Rey a cada una de nuestras peticiones se basan en su autoridad, voluntad, gobierno y señorío sobre nuestra vida. Unas veces será un "sí", otras un "no", y otras veces dice: "espera un tiempo más, te estoy preparando".

Ora por lo que necesitas que sea transformado en ti. Ora para que sea quitado de ti lo que es piedra de tropiezo y que impide que seas de bendición para el hijo del Rey que Dios tiene para ti. Ora para que todo aquello que pueda estorbar para que tu esposo o futuro esposo tenga su corazón en ti confiado y seguro de que le harás bien todos los días de tu vida, como dice Proverbios 31:12 (*Reina Valera, 1960*).

"Le da ella bien y no mal todos los días de su vida".
Proverbios 31:12

¡Ora por tus sueños y anhelos y por los de Él! Ora por tus desafíos como mujer, madre, hija, novia, esposa. La primera mujer registrada en la Biblia se llamó Eva, que quiere decir dadora de vida. No dadora de problemas, de quejas o de insatisfacciones. Eres llamada a ser dadora de vida. ¡Ese es tu llamado! Y das vida a través de tus palabras, de tus acciones, de tu esencia y presencia.

¡Prepárate en oración para que fluya la vida de Dios en ti!
En Cristo tenemos vida y vida en abundancia.

Recuerdo orar no solamente por la esposa de mi hijo desde que era pequeño, sino por el esposo de mi hija. Yo también oré por mi esposo sin conocerlo. Suplicaba por ser la mejor esposa para él sin conocerlo y sigo clamando. Cuando pedía a Dios por mi esposo, sin saber cuándo se iba a aparecer en mi vida, oré ya no enfocada en lo que yo exigía, sino en lo que yo estaba lista para dar.

Oré para que creciéramos en el conocimiento de Cristo juntos, poniéndole propósito a nuestra relación, sin conocerlo y sin tenerlo cerca de mí, oré para que fuera guardado, cuidado y atraído a mí con cuerdas de amor.

Hoy tengo la convicción de que el Señor me ha escuchado siempre. Migue es una oración contestada, así como mis hijos, mi trabajo y todo lo que miro a mi alrededor hoy… ¡Y el Señor me ha dado aún más de lo que pedí!

Orar es hablar con Dios, punto. Puede parecer difícil o muy espirituoso, pero es sencillo y entre más lo practiques, más lo quieres seguir haciendo. Es abrir tu corazón y contar sobre tu vida, sobre lo que eres, anhelas y piensas. Él te contesta de vuelta de varias formas, pero la principal es su palabra.

Lo importante es nunca dejar de tener esa comunicación abierta con Dios y crear esa dependencia de él. Acostúmbrate a nunca dejar de tener esos tiempos maravillosos de comunión, donde traemos todo lo que somos y también traemos nuestras peticiones, aunque te parezcan grandes o muy pequeñas, te aseguro que Él tiene cuidado para cada una de ellas. Tiempos de compartir, tiempos de amistad e intimidad.

Ora y camina en fe

Oremos juntas

Señor, que mi oración a ti nazca siempre desde adentro de mi corazón. Que pueda yo cultivar mi amistad y dependencia de ti cada día y que la oración sea un puente entre nosotros que nos una más y más. Enséñame a orar, a tener comunión contigo, a pedir como me es conveniente, siempre buscando que sea Tu voluntad en mi vida, dame un espíritu de sabiduría y de revelación en el conocimiento tuyo, para saber cuál es la esperanza a la que me has llamado, y cuáles las riquezas de la gloria de tu herencia en nosotras, como dice Efesios 1: 16-18 *(Nueva Versión Internacional)* en el nombre de Jesús. Amén: *"Pido que el Dios de nuestro Señor Jesucristo, el Padre glorioso, les dé el Espíritu de sabiduría y de revelación, para que lo conozcan mejor. Pido también que les sean iluminados los ojos del corazón para que sepan a qué esperanza él los ha llamado, cuál es la riqueza de su gloriosa herencia entre pueblo santo".*

Alerta

Reconoce y rechaza el pecado. Rompe con las consecuencias de la muerte espiritual.

Dios nos creó como un ser de tres partes. Somos espíritu, alma y cuerpo, según 1 Tesalonisenses 5:23. En Génesis 3, en el jardín del edén, ocurren dos consecuencias de la desobediencia del hombre y la mujer a las Palabras de Dios y su consejo que veremos aquí:

1. La primera consecuencia es una separación de la intimidad de la que gozaban ellos dos con Dios, ya que ocurre una **muerte espiritual** en el ser humano que se fue traspasando hasta nuestros días.

a. <u>Espíritu</u>: la buena noticia es que en Cristo tenemos nueva vida, esa vida se nos es impartida, puesto que somos resucitados y nuestro espíritu se conecta con Él.

"Pero el que se une al Señor, un espíritu es con él".
1 Corintios 6:17 (Reina Valera, 1960)

"Pero si Cristo está en vosotros, el cuerpo en verdad está muerto
a causa del pecado, más el espíritu vive a causa de la justicia."
Romanos 8:10 (Reina Valera, 1960)

La salvación por ende, la reconciliación o la unión espiritual entre Dios y nosotros se da una vez y para siempre porque el sacrificio de Jesús por nuestra redención fue perpetua. No tienes que estarlo dudando. Cristo no tiene que seguir muriendo, ya se entregó, murió, pagó y resucitó. No hay nada que puedas hacer o puedas dejar de hacer para que el Señor Jesús te salve más, ya lo hizo hace más de dos mil años atrás dando su vida en una Cruz.

"Entró una sola vez y para siempre en el Lugar Santísimo. No
lo hizo con sangre de machos cabríos y becerros, sino con su propia
sangre, logrando así un rescate eterno".
Hebreos 9:12 (Nueva Versión Internacional).

b. <u>Alma</u>: en el caso del alma, de vivir dependiendo y siendo instruidos por Dios diariamente, pasamos a ser independientes de Dios y a vivir conforme a deseos engañosos, con un entendimiento entenebrecido y con una dureza de nuestro corazón que tiene una forma equivocada de comprender el entorno y el propósito por el cual fuimos puestos acá en la tierra. Comimos del árbol del conocimiento del bien y el mal, algo que se nos había prohibido hacer. Pero cuando rendimos nuestra vida a

Cristo y Él se une con nosotros en espíritu, nuestra alma va siendo transformada tal y como leemos en Efesios 4: 17-32 en lo que llamamos una santificación progresiva. Vamos desechando la mentira y vamos abrazando la verdad que es Cristo y lo que Él nos enseña en su palabra.

"No os conforméis a este siglo, sino transformaos por medio de la renovación de vuestro entendimiento, para que comprobéis cuál sea la buena voluntad de Dios, agradable y perfecta".
Romanos 12:2 Reina Valera 1960

Nos vamos volviendo nuevamente dependientes de Él, su palabra y su diseño para nosotros, por la renovación de nuestra forma de pensar.

c. Cuerpo: y el cuerpo, o dicho de otra forma, nuestra carne es donde la lucha, bajo mi perspectiva, se vuelve bien intensa y creo que el apóstol Pablo también lo indica así:

"Porque según el hombre interior, me deleito en la ley de Dios, pero veo otra ley en mis miembros, que se rebela contra la ley de mi mente, y que me lleva cautivo a la ley del pecado que está en mis miembros. ¡Miserable de mí!

¿Quién me librará de este cuerpo de muerte?"
Romanos 7 22-25 (Reina Valera, 1960).

Aunque existe esta oposición entre la carne y el Espíritu, el Señor nos habla en su palabra que podemos sembrar para la carne, o para el Espíritu, obteniendo en nuestra vida una clara consecuencia de recoger o para la carne o para el Espíritu. Bien lo dice Gálatas 6:8 (*Reina Valera, 1960*):

107

> *"Porque el que siembra para su carne, de la*
> *carne segará corrupción; pero el que siembra para el*
> *Espíritu, del Espíritu segará vida eterna".*

En Romanos 13:14 nos aconseja el Apóstol Pablo *"sino vestíos del Señor Jesucristo, y no hagáis caso de los deseos de la carne".*

Nuestro cuerpo también sufre deterioro físico a raíz de lo acontecido hasta dejar de existir aquí en esta tierra, pero El Señor nos redimió teniendo vida eterna en nuestro espíritu y no limitando nuestra vida solamente a esta experiencia humana corporal temporal, sino confiando en la eternidad con Él.

Así que en cada área de nuestro ser que fue afectada por la muerte después de la caída de la raza humana, ya nos fue provista una respuesta por parte de Dios en Cristo. Podemos descansar seguras en Él.

2. La segunda consecuencia es que Dios habla contra Adán y Eva y los maldice. Nos vamos a centrar en la maldición dicha hacia la mujer.

> *"A la mujer le dijo: Multiplicaré tus dolores en el parto, y darás*
> *a luz a tus hijos con dolor. Desearás a tu marido y él te dominará".*
> *Génesis 3:16 (Nueva Versión Internacional).*

Podríamos definir la palabra "maldición" en la Biblia como un castigo o consecuencia impuesto por la fuerza sobrenatural de Dios, que se activa al infringir su voluntad descrita en su Palabra.

En este versículo leemos sobre una puerta que se abrió para la humanidad. La Biblia nos enseña que hay consecuencias debido a la maldición que opera por no cumplir la ley, y también hay consecuencias por la maldición que deriva de la desobediencia de Eva, la cual ha sido transmitida al género femenino desde entonces. En este caso puntual, la primera parte del versículo indica que uno de los resultados son los dolores de parto, que experimentamos hasta el día de hoy al dar a luz. La segunda parte del versículo señala que desearemos a nuestro marido y él nos dominará. Es un texto fuerte, ya que implica muchas cosas. Mencionaré algunas:

A lo largo de la historia, podemos constatar que la mujer ha tenido una desventaja competitiva, tanto cultural como social, en la mayoría de los países del mundo. Esto las ha dejado y las sigue dejando, incluso en pleno siglo veintiuno, en una situación de desprotección. Por esta razón, muchas mujeres han levantado su voz para luchar por sus derechos, creyendo que es posible lograr la anhelada igualdad de género. Varias de estas batallas han sido valiosas y efectivas. Hoy en día, en algunas naciones, vemos los beneficios de estas luchas: ejercemos el voto para escoger a nuestros gobernantes, estudiamos lo que queremos en el centro educativo que deseamos, podemos recibir el mismo salario que los hombres por la misma labor y se nos incluye en directorios de toma de decisiones, entre otros avances.

El llamado "hembrismo" en algunos sectores, o "feminismo", lo interpreto como el grito de muchas mujeres en contra de la desigualdad respecto al hombre. Claman en sus marchas: "¡Caiga el patriarcado!", y otras consignas, marcando con grafitis las paredes de los edificios por donde transitan, dejando destrucción y daños a su paso. Adjetivos utilizados en contra del hombre, como "rata de dos patas" o "cucaracho", son comunes. Aunque mayormente se usan en contextos amorosos y de despecho, se aprovechan para lanzar insultos e improperios que buscan dejar un mensaje claro.

En estas protestas, se percibe un lamento que comunica la urgencia de protegerse a sí mismas, impregnado de un dolor y frustración que cargan. Buscan vaciar este dolor, muchas veces de formas que desafían la lógica o sin medir las consecuencias de sus actos, con tal de avanzar en la conquista de sus derechos. Este clamor muestra una necesidad más profunda, que es aprovechada por líderes llenos de dolor que, en lugar de construir, transmiten odio.

Mi esposo y yo caminábamos tranquilamente en México cuando nos encontramos con la marcha del 8M de 2024. Debo reconocer que nos causó un sentimiento de inseguridad a ambos. Los gritos de las mujeres y los golpes a casas y edificios eran intimidantes. Fuimos testigos de cómo colocaban bombas caseras y trataban de incendiar un edificio que es Patrimonio de la Humanidad, sin que se percibiera más que un enojo colectivo desenfrenado.

Ahí mismo, la comunidad lesbiana reclamaba sus derechos; las mujeres que abogan por la legalización del aborto pedían tener el control sobre su propio cuerpo y poder detener la vida que se gestara dentro de ellas. Otras reclamaban justicia para varias mujeres cuyos nombres y fotos llevaban en pancartas, quienes habían perdido la vida a manos de un hombre. También se veían rótulos con la imagen y nombre de violadores, así como otros carteles con demandas diversas. Aunque había variedad de motivos en la marcha, todas las fuerzas se canalizaban de forma agresiva, exasperando los ánimos y mostrando desaprobación hacia los hombres, como si fueran los responsables directos de los males que afectan a las mujeres. En un momento, temí por mi integridad, pero más por la de mi esposo.

Amada, matar es un acto malvado, es un delito, punto. La infidelidad es traición e ingratitud. El engaño del enemigo es llevarnos a culpar al hombre por su condición de hombre: que le quitó la vida a una mujer por ser mujer, o que, por su naturaleza masculina, fue infiel. Ese no es, y nunca será, el motivo. Debemos escudriñar más profundamente para entender que fue un hombre en su condición de ser caído, dominado por el pecado, quien cometió un delito. Es un hombre alejado de Dios que, por esa condición, opera en maldad. Esa realidad también la vivimos nosotras cuando estamos alejadas de Dios.

Nuestra lucha, amada amiga, no es contra
los hombres, sino juntos contra el pecado.

Las esposas tendemos a querer gobernar a nuestros esposos y controlarlos, y esto se convierte en una contienda cuyo objetivo es tener un reino propio, antagónico al de ellos. Esto ha llevado a muchas mujeres a competir contra alguien tan fundamental como su propio esposo. En lugar de tener un reino en conjunto, caminamos cada vez más lejos el uno del otro. Amada, eso no debe ser así. Los asustamos, los intimidamos y los alejamos con estas conductas.

Esta sociedad nos quiere encauzar a no creer y, más bien, desafiar la verdad. Hay una trampa detrás de todo esto, una estrategia del mal. Tenemos que estar alertas. La Biblia es la luz que ilumina este camino, y lo que no está determinado en la Biblia como verdadero, entonces claramente es falso.

Antes de continuar, quiero aclarar que no sé mucho sobre el tema de la "posverdad". Te sugiero leer el artículo de Dante Avaro[1], donde se menciona cómo esta es una estrategia de Satanás y cómo puede relacionarse con el tema que estamos tratando. Tampoco soy experta en la diferencia de género en el mundo, pero quiero que reflexiones en ciertas ideas y circunstancias que tú y yo, como mujeres, hemos podido experimentar directa o indirectamente.

No afirmo que lo ocurrido con esa maldición mencionada para la esposa tenga alcances para todas las mujeres del mundo en relación con todos los hombres. Mi punto es que el pecado trajo separación y rompimiento, lo cual causa heridas y produce dolor. El meollo del asunto es que el corazón se endurece y el enemigo se aprovecha de cualquier instancia para traer confusión, hasta querer igualar los roles femenino y masculino, y desafiar la autoridad, trayendo mayor caos.

Vasti fue rebelde a la autoridad, no obedeció a su rey. En su orgullo, creyó que podía darse el lujo de darle la espalda. A ella no se le perdonó su falta; tuvo una consecuencia y fue destituida.

---

1   Avaro, Dante. "La posverdad. Una guía introductoria". *Revista Andamios*. 2021, vol. 18, n. 46, pp. 117-142, ISSN 2594-1917. https://andamios.uacm.edu.mx/index.php/andamios/article/view/840

Ester, en cambio, tocó fondo; llegó al punto de no retorno. Después de haber pasado situaciones difíciles en su vida, como se menciona en la Biblia, y tras el decreto de exterminio en contra de los judíos por Amán, enfrentó una disyuntiva: morir a sí misma y obedecer, o morir de todos modos. ¿Te has sentido así?

Ester interpretó bien el peligro a su alrededor y sabía que tenía mucho que perder, así que, con humildad, tomó el consejo de Mardoqueo, entrando en ayuno. Esto denota su deseo de tener comunión con Dios, caminando en fe y obteniendo un final que le permitió salvar su vida y la de su pueblo. Hay recompensa en la obediencia.

En el libro de Ester se menciona que ella halló gracia al menos cinco veces. La palabra gracia es favor inmerecido. Ella tenía claro que no era en sus fuerzas que se destruiría al enemigo, sino en las fuerzas de Dios. Él es quien ya peleó por nosotras. No necesitamos defendernos a nosotras mismas, sino depender de su amor y cobertura.

Voy a usar una frase del Pastor Joseph Prince: "Hoy recibo lo bueno que no merezco, porque Jesús recibió en la cruz lo malo que él no merecía".

Cristo vino como hombre; lo más sublime del universo se humilló al tomar un cuerpo mortal y cumplir la ley en su totalidad. Fue el sacrificio perfecto, el cordero inmolado sin mancha ni arruga, que tomó tu lugar, pagó el precio de tus pecados, faltas, rebeldías y desobediencias, de tu redención y de todas las mujeres que quieran aceptar que Él sea el Salvador y Rey de sus vidas. Recibió toda la ira de Dios en su cuerpo para que tú no tengas que recibirla, porque cargábamos un ADN de pecado que no solo habitaba en nuestra vida, sino que llegaba a dominarla.

Él se entregó por ti al morir en la cruz en tu lugar y, en ese mismo acto, te quitó el vestido del pecado y te vistió de Él mismo, de su justicia. De una forma poderosa, te dio libertad y vida eterna. Eso es gracia.

En Cristo se rompe toda maldición y toda consecuencia que arrastrábamos por causa de la naturaleza del pecado. En la redención y expiación perfecta de nuestro Salvador, ya no debes cargar con esa amenaza en tu vida, querida mujer. ¡Ya no más! En Cristo eres inocente, libre, cuidada, amada, protegida y preservada por Él y para Él. Toda maldición ha sido quitada de tu vida. Nos han sido perdonados todos y cada uno de nuestros pecados, y Dios los ha borrado, sin acordarse más de ellos. Solo Él se hizo pecado por nosotros:

"Cristo nos redimió de la maldición de la ley, habiéndose hecho maldición por nosotros, porque escrito está: Maldito todo el que cuelga de un madero"
Gálatas 3:13 (Nueva Biblia de las Américas).

En este cuatro capítulo, hemos abordado algunas conductas que perjudican nuestra esencia de mujer y que deben ser lavadas y limpiadas en el proceso de la mirra, en donde lo que debe ser removido y sacudido debe desaparecer para revelar lo verdadero e inconmovible, lo de gran valor. Sin embargo, no son los únicos comportamientos que puedes manifestar. Quiero que estés atenta a cualquier otro hábito dañino que no haya mencionado aquí y que te afecte. La conducta es la manifestación externa de un tema interno que tienes que entregar a Cristo. Solo Cristo y su Palabra llegan a donde el psicólogo, psiquiatra o consejero no pueden.

"Cristo nunca pecó. Pero Dios lo trató como si hubiera pecado, para declararnos inocentes por medio de Cristo"
2 Corintios 5:21 (Biblia Traducción en Lenguaje Actual).

Yo he sido rebelde con Dios y me ha costado obedecerlo. Reconozco que es su gracia en mí la que me ha hecho permanecer en sus caminos. Dios está y seguirá sentado en su trono, reinando, así que he descubierto que es mejor rendirme a Él en todos los aspectos de mi vida.

Uno de los asuntos que traté personalmente con respecto a Génesis 3:16 fue cuando oré para que no me doliera el parto. Tuve tres partos sin dolor por su gracia y favor. También oré para que el deseo, dominio o autoridad de mi esposo hacia mí fuera quitado como consecuencia de la maldición, gracias al perfecto sacrificio de Cristo. Pedí que el Señor fuera mi esposo, mi Señor, y quien siempre diera la cara por mí. Esto ha dado resultados hermosos porque la forma amorosa en la que permito que mi esposo sea la autoridad en nuestro hogar viene desde entender el amor de Cristo por mí y la sujeción de mi esposo a Cristo. Amo, obedezco y respeto a Dios al mostrarle amor y respeto a mi esposo y al dejar que él ocupe su lugar. No me dejo influenciar por voces externas.

Amada, ya no aceptes como normal lo que no es normal en Cristo. No aceptes el engaño del enemigo. Dios no nos creó empoderadas en el mal sentido de la palabra, sino que nos vistió con su dignidad. Si pensamos en empoderamiento, debe ser el poder de Cristo. Eres una nueva criatura. ¡Sacúdete, levántate, piensa y camina como tal!

Oremos juntas

Padre, este proceso de renovación de mi mente me lleva a rendirte más áreas cada día. Ayúdame a ver en qué aspectos el mundo me sigue engañando, y qué conceptos debo cambiar, romper o desechar para que tu voluntad se cumpla en mi vida. Perdóname por mis pecados, por mis errores y por caminar lejos de ti. Señor, destruye todo pensamiento que no esté alineado con tu palabra y el regalo de la Salvación que me diste en Cristo. Soy una nueva criatura en ti. En el nombre de Jesús. Amén.

El consuelo del Señor

Es probable que hayas pasado por alguna decepción, algo que te dejó una marca emocional y, después de esa experiencia, sientes que ya no eres la misma. Quizás, incluso, crees que Dios no tiene nada bueno preparado para ti y has perdido la esperanza. Ester también sufrió pérdidas, como la muerte de sus padres, y atravesó dificultades desde muy pequeña. Sin embargo, a pesar de todo lo que vivió, no se dejó llevar por la amargura o la desesperanza. En lugar de eso, eligió perdonar, cerrar la puerta del pasado y mantener una expectativa positiva sobre el futuro.

Ester sabía, gracias a su conocimiento de Dios, que incluso en los peores momentos, las circunstancias podían cambiar a su favor. Dios lo había hecho antes por su pueblo, y ella confiaba en que lo haría de nuevo. ¡Y lo hizo! Aunque no recuperó a sus padres ni volvió a su tierra, Dios la bendijo de maneras sorprendentes, hasta el punto de convertirla en reina y usarla como instrumento para salvar a su pueblo de la destrucción.

No sé cuáles han sido tus pérdidas, pero estoy segura de que el Señor te consolará de formas extraordinarias, probablemente de maneras que ni siquiera imaginas. No te encierres en la amargura. Corta esos pensamientos de desánimo y atrévete a creer que Dios tiene algo bueno para ti. Quizás no recuperes lo que perdiste, pero algo llegará a tu vida que te traerá alegría y llenará ese vacío. Comprenderás que, a pesar de las pérdidas, Dios te ha dado la oportunidad de ganar algo nuevo. No pierdas la fe.

Tú también puedes tener esperanza en el futuro. Aunque las cosas no se vean bien ahora, abre tu corazón y tus oídos espirituales en medio de la prueba. Busca en la Biblia el aliento y la dirección que necesitas. No estás sola en este camino; el Espíritu Santo vive en ti y te fortalece para seguir adelante. Las promesas de Dios te guiarán hacia la esperanza que tanto anhelas.

Una experiencia personal

En mayo de 1994, recibí la noticia de que estaba embarazada. ¡Qué alegría tan grande para nuestra familia! Mi hijo mayor, que solo tenía dos años, entendía con emoción lo que significaba tener hermanitos. El día del ultrasonido, en lugar de ver a un bebé, recibimos la noticia de que ¡esperábamos gemelos! José Marco y Mario de Jesús, así los llamamos con mucho amor.

Desde los cuatro meses de embarazo, mis hijos no me dejaban dormir. Se movían mucho de noche, metiendo sus piecitos y manitas en mis costillas. Les hablaba con dulzura, les cantaba y les leía la Biblia. Tenía todo listo para su llegada: ropa, cobijitas, y mi vientre crecía mucho más que en mi primer embarazo. ¡Tenía tantos sueños para ellos!

Pero en la última semana de octubre, ingresé al hospital con síntomas de aborto, y el 3 de noviembre, nacieron mis hijos con apenas veintiocho semanas de gestación. Pude verlos en sus incubadoras, tan pequeñitos y perfectos. Poco después, me dieron la noticia devastadora: José Marco había fallecido. Sentí que me arrancaban una parte de mí. No quise verlo, pues prefería mantener su imagen viva en mi memoria. Mario de Jesús, su hermano, fue trasladado al Hospital Nacional de Niños, donde luchó valientemente por dos semanas más.

A pesar de mis oraciones y súplicas, el Señor decidió llevarse a mis hijos. A lo largo de esa dolorosa experiencia, mi fe se fortaleció, aunque no fue fácil. Mi cuerpo seguía produciendo leche, y mi mente no podía procesar que mis bebés ya no estaban conmigo. Mi hijo mayor estaba al cuidado de una tía, mientras yo luchaba por mantener mi salud física y emocional. Al final, tuve que rendir mi voluntad al Señor, entregar mis deseos y confiar en que Él tenía un plan mejor para mis hijos y para mí.

Fue en ese límite, en medio de mi agotamiento, donde encontré paz al rendirme completamente a Dios.

Mi fe en el Señor no cambió, pero mi enfoque de oración sí. Esa noche, cuando regresé del hospital, oré: "Tómalo, Señor, es tuyo. Haz lo mejor para él. Sabes que quiero que viva, pero te lo entrego a ti. No quiero verlo en ese estado."

A la mañana siguiente, mientras me dirigía temprano a ver a mi hijo, recibí la noticia de que había fallecido en la madrugada. Sentí que el Señor y mi hijo estaban esperando a que yo depusiera mi ego, mi terquedad y mi voluntad ante la soberanía de Dios, para que Mario de Jesús pudiera partir en paz hacia el cielo.

Incluyo a mi bebé en esta decisión porque sé que él luchó valientemente durante esos días. Mi pequeño fue todo un campeón. Creo que, de alguna manera, él entendía lo difícil que era para mí verlo en ese estado, pero también lo duro que sería perderlo, y se aferraba a la vida con todas sus fuerzas.

Después de recibir la noticia, mientras iba camino al hospital, en la radio sonó la canción *Te veo en el cielo* del grupo Guardián. A veces, aunque una oración parezca altruista o incluso muy bíblica, puede surgir desde el egoísmo, la incredulidad o desde un lugar donde no comprendemos qué es lo mejor para nosotros. A pesar de que el Señor no sanó a mis hijos y tuve que enfrentar el dolor, la impotencia y el duelo de dos pérdidas inimaginablemente dolorosas, sé que Dios sigue siendo poderoso, que sana y que aún hace milagros, porque Su palabra es verdad y nunca cambia.

¡Sí, seguiré creyendo en su palabra y en sus promesas!

Sé que un día estaré en el cielo y nos fundiremos en el más precioso de los abrazos.

Tres meses después de ese doloroso episodio, el Señor envió a mi pastora para darme una palabra de consuelo en Hechos 4:36:

"Entonces José, a quien los apóstoles llamaban Bernabé (que traducido es, hijo de consolación), levita, natural de Chipre…".

Esa palabra resonó profundamente en mi corazón. Aunque había perdido a mis hijos y mi corazón estaba destrozado, el Espíritu Santo me susurraba que habría consuelo. No entendía del todo en ese momento, pero creía en esa promesa.

Semanas después, saqué una libreta de oración y comencé a escribir y orar por una hija. Sí, anhelaba tener una hija y oraba por ella.

Bernabé, hijo de consolación

Meses después, quedé embarazada nuevamente, y esta vez, después de tres hijos varones, ¡era una niña! Algo en mí había cambiado. Había rendido más de mí al Señor, y conociendo Su corazón, ya no iba a escoger el nombre de mi hija solo porque sonara bonito; tenía que tener un significado profundo. Ella era un regalo de Dios para mí, no porque yo fuera buena o hubiera orado correctamente, sino porque Él es bueno y su naturaleza es dar. Así llegó Mariana a mi vida, cuyo nombre significa "regalo de gracia".

En cualquier momento o circunstancia, espera tu "regalo de gracia". Todo lo recibimos con manos abiertas por gracia.

Mi matrimonio actual es el tercero. Podría decirse que tengo mucha experiencia por todos los errores cometidos o que no soy la más indicada para hablar sobre el matrimonio. Yo diría que ambas cosas son ciertas, pero he vivido el fruto de lo que escribo en este libro a la luz de lo que Dios nos enseña.

Siempre anhelé tener un esposo porque entendí que ese era el diseño que mi Creador puso en mí. Apliqué lo que comparto aquí y vi resultados sorprendentes en mi caminar con el Señor y conmigo misma.

Sentí un profundo consuelo cuando Migue llegó a mi vida. Por un tiempo, pensé que no iba a llegar, pero lo mejor fue que, mientras esperaba, ¡ya venía en camino! Puedes esperar creyendo. No pierdas la fe. Sea cual sea tu petición, sigue confiando.

Hoy comparto mi vida con un hombre maravilloso que me ama y entiende su papel ante Dios y ante mí. No es perfecto, ¡pero casi, ja, ja, ja! Lo hermoso es que cada día, en cada decisión que toma por seguir a Dios y honrarme, va siendo perfeccionado.

Después de que mi hijo, quien por años había sido mi cuidador y el de su hermana, decidió casarse, me dijo: "Mamá, me caso tranquilo y me voy en paz porque quedas con Miguel."

Con eso te lo digo todo… Mis lágrimas de emoción y alegría corren por mis mejillas al recordar ese hermoso e inolvidable momento cuando mi padre terrenal, en presencia de nuestros seres queridos, me llevó al altar.

No te desesperes ni te desgastes buscando a un hombre que te ame como mereces ser amada. He aprendido a ser vulnerable en los brazos del Señor y a confiar en que, en medio de las pruebas, su amor nos sorprende.

Quiero compartir contigo la historia de mi querida amiga, Ericka Rojas. Fui testigo de su proceso para encontrar a su esposo y le pedí permiso para compartirlo.

El porqué de la espera

¿Te creerías que, por muchos años, los cuentos del príncipe azul eran parte de mi vida?

¿Qué imaginaba un hombre lleno de favores de color azul? Es mi historia; durante mi adolescencia y adultez creía que el hombre de mi vida era un príncipe azul. Por supuesto, no tuve suerte.

Mi mamá me llamaba princesa y lo lindo de esto es que mi nombre significa exactamente lo mismo. Sin embargo, no vivía como tal. Soy la menor de cuatro hijos, en un hogar disfuncional, donde nadie había escuchado de Cristo como centro de todo. Sí recuerdo que mis papás lo dieron todo por nosotros como pudieron, pero no existía una figura paterna presente, lo que hizo que el abandono fuera parte de mi vida.

Y así comienza todo: ante la falta de una figura paterna, no tenía conocimiento de lo que era el amor, el autocuidado o sentirme protegida. Buscaba refugios para poder sentirme alguien y obtener de otra forma lo que nadie podía llenar. De niña asistía a la iglesia, pero a mis veintiocho años, el Señor Jesús llamó a la puerta, cenó conmigo y yo con Él (Apocalipsis 3:20), y mi vida fue transformándose día con día.

Empecé a servir al Señor, y cada día había un anhelo profundo en mi ser por conocerle. Los primeros años no fueron fáciles, aún el significado de mi nombre no tenía tanto peso en mi conciencia y me permitía descuidar mi corazón ante cualquiera, hasta que mi decisión fue más allá de solo servirle y profundizar con quien ahora es mi Amado.

Decidí prepararme espiritual, emocional y profesionalmente. Cuando menos me di cuenta, el tiempo pasó volando y Dios abrió puertas de gran bendición. Di pasos de fe que, en medio de todo mi servicio y devoción a Dios, despertaron el anhelo y la esperanza de conocer a un hombre bajo mis lineamientos y expectativas. Negociar con Dios, lo cual considero que no debe ser una opción para nadie, me llevó nuevamente a exponer mi corazón y ser dañada.

Me preguntaba qué había en mí. Si yo era una hija de Dios, servía, enseñaba, amaba lo que hacía, ¿por qué los hombres con los que me relacionaba no veían eso? Fue entonces cuando recibí un sabio consejo: que ningún hombre y nada de lo que se hace es tu salvador; hay un Jesús que desea ser en ti más que de oídas, Él quiere que lo veas a Él y creas que Él es tu Salvador, que es tu todo. Eres su Amada, eres su novia, eres la princesa de Él, eres una hija de Dios. Cuando escuché esto, mi entendimiento se abrió por completo, porque primero está el ser para luego hacer. Sea cual sea tu situación hoy en día, debes saber que Jesús es tu Salvador y tu Redentor; en Él encontramos plenitud.

Y la decisión fue de corazón. Ya no quería lo que yo negociaba con Dios; mi oración hacia Dios es querer y anhelar lo que Él tiene para mí. Solté mis ideales y le pedí al Señor que me preparara para poder disfrutar de mi propósito como soltera, porque sí lo hay; se puede llamar una antesala que Dios te da para que te prepares en tu ministerio y poder disfrutarlo en Él con total plenitud.

En ese camino de preparación, el conocimiento de quién soy realmente en Jesús me permitió ver que todo aquel que se acercaba no tenía buenas intenciones. Por más que conociera a personas creyentes, no había un clic en mi corazón, siempre había una disconformidad. Y aquí viene otro aprendizaje: el hecho de que la persona sea creyente y esté en servicio a Dios no quiere decir que sea el elegido. Cuanto más profundizamos con el Señor, Él te hace ver que no eres común ante cualquiera, que como hija de un Rey Él te permite elegir. Pero la corona que portas no cualquiera la ve, no todos la valoran, ni todos harán que tu corona siga reluciente ante el Señor.

Dios me llevó a entender que la preparación es necesaria, como la reina Ester (Ester 2:12), porque no es de la noche a la mañana. Es un sometimiento genuino y real a Dios; nuestro carácter es sumamente esencial para el cumplimiento del plan de Él hacia nosotras. El proceso de sumergirse en mirra es para purificar y preservar; se debe pagar el precio del lavado ante la presencia de Dios. Los afeites son todo aquello que has cortado para presentarte íntegramente ante Dios y emanar un perfume único y agradable en nuestra adoración.

Somos real sacerdocio escogidas por Dios. Cuando comprendemos el valor incalculable que tenemos, más todo aquello que permitimos a Dios en la preparación espiritual y natural, llega a nuestra vida la respuesta de lo que anhelamos en el Señor. Cuando comprendí mucho más quién soy en Él, Dios unió mi vida con quien actualmente es mi esposo, quien sumó y añadió a mi vida la bendición de hoy verme como Ezer Kenegdo (ayuda idónea) en su vida, en nuestro matrimonio y en nuestro ministerio.

El porqué de la espera es una decisión de carácter, humildad, preparación y constancia, donde Dios te prepara para ser portadora de una gran corona, de Sus riquezas; ser llena de favor y gracia para compartirla con la persona que será parte del resto de tu vida. El porqué de la espera nos permite valorar nuestra belleza incalculable (1 Pedro 3:3-4), que solo un hombre de Dios verá. No está arraigada en los esfuerzos externos, sino en la total fe y confianza en Dios.

Te bendigo,
Erika Rojas Calderón

Oremos juntas

Señor amado, he atravesado situaciones que han roto mi corazón y me han hecho dudar de muchas cosas, incluso de las intenciones de las personas y, a veces, de tu amor. He endurecido mi corazón. Pero hoy vengo ante ti con humildad, decido confiar en ti una vez más y te pido que me devuelvas la inocencia que perdí en el camino cuando dejé de creer en ti. Hoy quiero creerte nuevamente. Oro en el nombre de tu amado Hijo. Amén.

Capítulo V

Honra

El significado de "honra", según el diccionario de la Real Academia Española (2024), es: "respetar a alguien; enaltecer o premiar el mérito de alguien; dar honor o celebridad".

El siguiente texto es un extracto del libro de Samuel, donde se nos cuenta que el sacerdote Elí honraba más a sus hijos que al Señor, y Dios le dio esta fuerte exhortación:

> *"Yo honro a los que me honran y humillo a los que me desprecian".*
> *1 Samuel 2:30 (Nueva Versión Internacional).*

Querida amiga, en este tiempo de embellecimiento con mirra, también te despojarás de una antigua manera de vivir y de pensar.

Debemos arrancar esas ideas con las que ya nos hemos acomodado, pero que no son conforme a la palabra de Dios. Esto será tan fácil o tan difícil como tú decidas, ya que el Señor no te impondrá sus diseños; debes rendir cada área de tu vida y tener la revelación interna de que, si algo no se ajusta a ese diseño más elevado, es vanidad y mentira del sistema de este mundo. Debes permitir que esa verdad se manifieste en ti, una transformación que viene no solo del Espíritu Santo, sino también de Su palabra.

Prepárate, sé intencional

Ester fue preparada, y tú y yo también lo somos. Esto demanda tiempo y disposición para leer, buscar la sabiduría de Dios, dedicando momentos a estudiar Su palabra, tener comunión, meditar y orar con el Señor.

Tal vez pienses: "Pero Karla, estoy muy ocupada, no tengo tiempo para mí entre la casa, el trabajo, la familia; no tengo una Biblia; no me gusta leer; eso no es para mí…".

Yo te digo que vale la pena el proceso y el tiempo invertido, porque la palabra es agua que nos limpia. La palabra nos transforma y alumbra nuestros pasos por el camino que debemos tomar.

"¿Con qué limpiará el joven su camino? Con guardar tu palabra. Con todo mi corazón te he buscado; no me dejes desviarme de tus mandamientos. En mi corazón he guardado tus dichos, para no pecar contra ti".
Salmos 119:9-11 (Reina Valera, 1960).

Muchas veces creemos que podemos solas, que no necesitamos a Dios, y pensamos que nuestras ideas son mejores que las de Él. Eso le pasó a Vasti. ¡Cuidado! Una de sus brillantes ideas fue irrespetar a su esposo cuando él la mandó a llamar. Ella lo desafió públicamente al no atender su llamado.

"Que las mujeres respeten a sus maridos, como si se tratara del Señor"
Efesios 5:22-23 (Biblia La Palabra Hispanoamericana)

Tomemos en serio este lineamiento que el Señor nos da a las mujeres en Su palabra, respecto de la dinámica de la relación y la comunicación con nuestros esposos. El respeto y la honra son fundamentales, y el Señor lo recalca. Además, yo añadiría que la admiración también forma parte de este paquete.

¿Será que tendemos a ser irrespetuosas con nuestras parejas o con los hombres de nuestra familia?

Ya sea cuando nos enojamos o cuando no cumplen nuestras expectativas, terminamos hablándoles mal o incluso dejándolos mal con otras personas, comparándolos públicamente con otros hombres que creemos que sí "dan la talla", como si nuestra relación con ellos fuera una competencia de desempeño, medita en eso.

Yo lo hice en algún momento de mi vida y tuve que reconocerlo abiertamente ante el Señor, con arrepentimiento. Tuve que dejar ese patrón que destruía mi relación más que construirla. No me daba cuenta de que lo hacía, pero el Señor me lo reveló con su amor, y pude tomar decisiones para eliminar esa conducta nociva de mi vida. A veces, nuestros padres tomaron un rol pasivo en la vida familiar debido al dominio que ejercía nuestra madre en el hogar, y fuimos testigos de cómo ella lo irrespetaba. Ahora, repetimos ese patrón. O tal vez piensas que puedes salir adelante sola en la vida sin un hombre, y que un hombre solo te estorbaría o te limitaría. Puede que no lo pienses claramente, pero tus actitudes lo comunican.

Mi esposo tuvo errores en su pasado, que en confianza me compartió. Esos errores nunca me dieron pie para ser despreciativa o despectiva con él. Al contrario, admiro cada decisión que ha tomado para ser una mejor persona.

También tengo la particularidad de trabajar con mi ex esposo, quien me maltrató de muchas maneras durante los años que estuvimos juntos. Sin embargo, después de un proceso de perdón y de dejar atrás esas experiencias que ya no pertenecen a mi presente, he practicado y enseñado la honra hacia él, tanto a nuestros colaboradores como a nuestros hijos, independientemente de si creía que la merecía o no. No podemos pagar mal con mal; eso no es lo que nos enseña Dios en Su palabra. Una dama siempre es una dama, y una dama es capaz de dar honra.

¿Qué actitudes negativas has tenido tú con algún hombre, de las cuales te das cuenta hoy?

El proceso de embellecimiento

En este proceso de embellecimiento, amada amiga, debes dejar atrás toda idea "feminista" o de roles equivocados que hayas aprendido. Déjalos de lado y permite que sean eliminados de tu mente por medio de una transformación, abrazando este principio bíblico: el respeto. Respeto por Dios y respeto por el hombre, quien fue hecho a imagen de Dios.

¡Te aseguro que Dios siempre será más sabio que tú!

¡Déjate moldear, déjate enseñar, déjate amar!

Desde que mi hija era pequeña, tenía el anhelo en mi corazón de que ella quisiera ser esposa. Quería que soñara con su boda, con su esposo, sus hijos, su hogar y su familia.

Yo la preparaba con mis herramientas limitadas y humanas, mientras ella se mostraba receptiva a las historias de ensueño que le compartía con tanto entusiasmo. Sus ojos brillaban con ilusión al escucharme.

Transmitirle este pensamiento fue un reto, dado que yo había pasado por dos divorcios mientras le impartía esta convicción sobre el matrimonio y el respeto al hombre. Tenía que creerlo yo primero. A pesar de la infidelidad, el maltrato o las dificultades que atravesaba, esto nunca se trató de lo que yo sentía o vivía, sino de obedecer al Señor y Su palabra. Pude haberme quejado, pero elegí callar por honrar, a pesar de todo.

Estos, querida amiga, son principios y valores que se imparten desde el cielo, de la sabiduría de la Biblia, a tu corazón. Y desde tu corazón, serán sembrados en el corazón de otras mujeres a tu alrededor.

Tuve la bendición de ver los ojos de mi hija brillar de amor el día de su boda. Ella también ha seguido mis consejos sobre el respeto hacia su esposo, y puedo asegurarte que los aplica con excelentes resultados en su relación. La relación se construye.

El Espíritu Santo, con Sus herramientas perfectas y eternas, desea enseñarte acerca de Él, de Su gran amor y de lo que significa ser una esposa. Él quiere prepararte y formarte en el camino de la honra. Espero que te dispongas a hacerlo.

Como mujeres sabias y entendidas, debemos honrar a Dios y a nuestros esposos desde adentro hacia afuera, con acciones que hablen más que nuestras palabras.

Oremos juntas

Padre, no sé cómo tratar a otros con honra, ni cómo honrarme a mí misma. Ayúdame a honrarte a ti primero y luego a honrarme a mí como mujer, como maravillosa creación tuya, y a ser facilitadora de estos procesos de crecimiento espiritual en mi vida y en mi relación de pareja —o futura relación de pareja—. Que pueda comprender que tú odias el pecado, pero amas a las personas, y yo quiero ser como tú: fuente de amor, entrega y perdón. Que pueda ser preparada para honrar a mi esposo como tú deseas que lo haga. Abrázame en el proceso de aprender a anteponer sus necesidades muchas veces a las mías. Sé que harás maravillas en mi vida mientras me enseñas acerca de la honra. En el nombre de Jesús, Amén.

Capítulo VI

Un mentor en tu vida

Hegai vs. Mardoqueo

¡Qué hermoso es saber que el Espíritu Santo trabaja en nosotros! Tanto en lo profundo, donde nadie más ve, como en lo visible, a través de los frutos que los demás pueden observar a nuestro alrededor.

Aquí radica la diferencia entre Hegai, el eunuco, y Mardoqueo, el primo de Ester. En la Biblia, algunos personajes pueden interpretarse como imágenes de algo espiritual. He tomado a ambos como símbolos del Espíritu Santo que opera en nosotros, pero los vemos desempeñando funciones distintas, y a continuación te lo explico.

Mardoqueo fue una figura clave en la vida de Ester, de quien ella aprendió sujeción, prudencia, respeto, esfuerzo y entrega. Para ella, la sabiduría más elevada estaba en los consejos de Mardoqueo, por lo que le obedecía, incluso al punto de no revelar cuál era su pueblo, como leemos en Ester 2:20 (BLP): "Ester seguía sin revelar cuál era su raza ni a qué familia pertenecía, siguiendo el consejo de Mardoqueo, pues ella seguía obedeciéndole como cuando estaba bajo su tutela".

Ella continuaba obedeciendo sus instrucciones, como cuando era una niña bajo su cuidado. En la formación que él le brindó, inculcó respeto a la ley, a las autoridades y a Dios, lo que se tradujo también en respeto hacia su esposo. Ester comprendía el concepto de reino y gobierno, aceptando que había una autoridad más alta que cualquier gobierno terrenal.

Mardoqueo, el primero en llegar a la vida de Ester, modeló una paternidad para ella. Asumió el rol de padre, la adoptó y le impartió una identidad, valores, creencias y una forma de ver la vida. Le enseñó sobre su identidad judía, espiritualidad y un propósito eterno. Fue un mentor en sus primeros pasos en la fe, similar a aquellos mentores que quizá te hayan presentado a Jesús.

Si no los has tenido aún, es tiempo de que busques una comunidad de fe o mentores que te acompañen en este proceso de limpieza y cambio, que siempre te apunten a Jesús y a Su obra consumada.

Dios ha dispuesto que en este proceso personal e íntimo no estemos solas, sino que podamos resguardarnos en una iglesia con sana doctrina y participar en las actividades, especialmente las diseñadas para mujeres.

Ese sello que necesitas en tu corazón solo se imprime a través de Jesús, sobre todo cuando caes en cuenta de que no puedes seguir en tus propias fuerzas. Cuando te humillas ante la cruz, recibes la redención eterna que solo se encuentra en la salvación conquistada por Su sangre.

Es en lo más profundo de tu ser, en lo íntimo de tus pensamientos, cuando te cuestionas tantas cosas, cuando sientes que tu mundo se desmorona y tus cimientos se quiebran, cuando crees haber perdido todo, incluso la esperanza, que estás lista para una luz real. Al reconocer la oscuridad dentro de ti, al darte cuenta de que lo que antes probaste no funcionó y el vacío solo creció, es ahí, en ese encuentro con su deidad, su amor y su perdón, cuando tu espíritu es transformado y tomas conciencia de que eres una sola con Él.

Es en este proceso de "mirra" donde Él rompe las cadenas en tu vida, te saca del pozo y te da libertad, esperanza y un buen futuro. ¡Para eso vino Jesús, para deshacer las obras del diablo en tu vida!

"Sin embargo, cuando alguien sigue pecando, demuestra que pertenece al diablo, el cual peca desde el principio; pero el Hijo de Dios vino para destruir las obras del diablo".
1 Juan 3:8 (Nueva Traducción Viviente).

También vino para revelarte al Padre y enseñarte cómo comportarte como hija de Dios, 1 Juan 3:1 (Biblia La Palabra de Dios):

"¡Mirad qué amor tan inmenso el del Padre, que nos proclama y nos hace ser hijos suyos! Si el mundo nos ignora, es porque no conoce a Dios".

Ahí comienza la transformación de tu alma, de tu mente, porque llegas a ser una nueva criatura en Él, 2 Corintios 5:17, (Biblia Hispana Interconfesional):

"Quien vive en Cristo es una nueva criatura; lo viejo ha pasado y una nueva realidad está presente".

Un encuentro con Jesucristo nos salva. Jesús, y nada más, es TODO.

Hegai: un nuevo mentor

Este segundo mentor, Hegai, el eunuco encargado de cuidar a Ester, representa el actuar del Espíritu Santo en nuestra vida de forma diferente. Mientras que Mardoqueo trabajaba en los cimientos y lo más profundo de su ser, Hegai se encargaba más de los frutos.

Hegai conocía al rey de primera mano, sabía sus gustos y preferencias. Él le enseñó a Ester cómo comportarse, qué decir, qué comer, qué vestir y cómo prepararse integralmente para su encuentro con el rey. De manera similar, el Espíritu Santo nos equipa hoy con todas las herramientas necesarias para que cada encuentro con nuestro Rey sea inolvidable, lleno de amor, intimidad y conocimiento.

Creo que el rey Asuero se enamoró de Ester porque vio reflejada su propia imagen en ella. El relato bíblico nos dice que la amó más que a todas las demás, aunque todas eran bellas y tenían acceso a los mejores atuendos. Lo que hizo la diferencia fue que Ester no se enfocó solo en la belleza externa, sino en conocer el corazón de su rey, buscando sabiduría en Dios, en su comunidad, en oración y ayuno.

Hoy puedes hacer lo mismo: ora, busca a otras mujeres que te acompañen en la oración, encuentra una iglesia centrada en Cristo que te apoye y te enseñe la Biblia. No estás sola.

Oremos juntas

Señor, reconozco delante de ti que he anhelado un esposo, una pareja que camine conmigo y que pueda cumplir mi rol como mujer en esta tierra. Entiendo que lo que realmente quieres es mi corazón, mi esencia, ahí donde está mi espíritu. Me he sentido sola en ocasiones y hoy abro mi corazón delante de ti, trayéndote esa realidad que no quiero ocultar más. El mundo me lanza ideas y expectativas de una relación de pareja que a veces me desaniman y me lastiman, pero hoy decido confiar en ti y en este proceso en el que me dejo llevar por ti. Moldéame más a tu imagen, que tu Espíritu Santo me enseñe, me transforme y me haga vivir una nueva vida en libertad y amor, abrazándote a ti y a todo lo que me das, que es todo lo que necesito. En el nombre de Jesús, amén.

Capítulo VII

Cambio de vida, cambio de nombre

Los segundos seis meses del proceso de embellecimiento son el tiempo de los perfumes. Después de que la mirra eliminó impurezas, suciedad e imperfecciones, abrió los poros y dejó la piel suave, lista para recibir las deliciosas fragancias de los más exquisitos perfumes, los cuales se adherían y fundían en la piel de las candidatas.

Este es un tiempo más hermoso. Atrás quedó el deseo de agradar al mundo; atrás quedó el pasado, el dolor y la frustración que implica estar lejos de Dios y querer hacer todo a mi manera. Atrás quedó también el haber estado cerca de Él, pero, aun así, creerme más sabia, tratando siempre de ayudarle en las áreas de mi vida que no quería entregar.

Ahora caminas ligero porque dejaste todas tus cargas ante la cruz, donde tu Salvador dio su vida por ti y te salvó. ¡Valieron la pena los seis meses de mirra!

Este es un tiempo para abrir nuestros ojos, para experimentar un despertar interior, porque hemos sido trasladadas de reino; entendemos que pasamos de muerte a vida y que, con esos cambios, también ocurrió un cambio de nombre. Así como cambió nuestro nombre, cambió nuestra dirección y propósito.

Antes de conocer a Cristo, nuestro Rey, nos dirigíamos al infierno, lejos de Él. Pero ahora que lo conocemos y lo hemos aceptado como el Señor de nuestras vidas, hemos cambiado de rumbo: ¡ahora vamos al cielo! Hemos sido trasladados del reino de la oscuridad al reino de Su Hijo amado.

Aquí te lo confirmo, en Colosenses 1:13 (*Reina Valera, 1960*):

> *"El cual nos ha librado de la potestad de las*
> *tinieblas y trasladado al reino de su amado Hijo".*

Además, hemos cambiado de posición frente a Dios. Ahora tenemos libre acceso a Él. Nos cambió de nombre. Antes éramos pecadores; ahora somos redimidos. Sé que, a veces, es difícil despojarnos de la vieja identidad, pero eso es lo más hermoso de creer en Él y en Su palabra.

¿Cómo te llamas tú?

Nuestro nombre tiene repercusiones importantes sobre nuestra vida y personalidad. Algunos nombres tienen significados claros y otros no tanto. En la Biblia vemos cómo ciertos personajes fueron llamados de una forma específica debido a eventos en sus vidas. Por ejemplo, la palabra nos relata cómo Noemí, al perder a su familia, dijo:

> *"No me llames Noemí, sino llámame Mara (afligida, amargura), porque en grande amargura me ha puesto el Todopoderoso".*
> *Rut 1:20-21 (Reina Valera, 1960)*

Aquí en la tierra, nuestros nombres nos los han puesto nuestros padres, sin que tuviéramos ninguna injerencia sobre ellos ni sobre el impacto que ese nombre pudiera tener en nuestras vidas al escucharlo todos los días.

Conozco a una persona llamada Mara, como el ejemplo, y recuerdo que era una persona triste y amargada. Cuando entendí el alcance que puede tener un nombre, pensé en que lo que ella escuchaba sin saberlo era: "¿Cómo estás, amargada? ¡Amargada, a comer!" Y así, durante toda su vida. ¿Entiendes el punto?

El nombre David significa "el amado". ¿Te imaginas ser llamado así todos los días? Ester, por su parte, tenía un nombre en hebreo que significa "mirto", un arbusto común en esa época y en esa región, creciendo como la mala hierba. Llevaba, por tanto, un nombre ordinario, sin una connotación especial, ni buena ni mala.

Pero Dios la fue preparando. Permitió que saliera de su zona de confort, de su realidad y de todo lo que conocía, y la fue moldeando en una nueva criatura con una identidad renovada. A través de esa preparación, la condujo hacia un destino diferente.

La marca de toda esa transformación se manifiesta en el cambio de su nombre. En medio del caos que pudo significar para ella el proceso de cambio, su nombre fue reemplazado. Ya no era más Mirto o Hadasa, sino Ester, que significa "estrella".

De mirar hacia abajo, ahora miramos hacia arriba. De tener los ojos puestos en las cosas terrenales y temporales, ahora los enfocamos en lo celestial, en lo eterno. De creer que todo se trata de nosotros mismos, de nuestras preocupaciones y necesidades, volvemos nuestra mirada hacia Él. Aceptamos que no se trata de nosotros, sino de Él, y que Cristo en nosotros es la esperanza de gloria. Colosenses 1:27.

¡Qué gran cambio, qué transformación tan profunda!

Si no te ha ocurrido aún, está a punto de sucederte. Solo tienes que estar expectante, sensible al Espíritu Santo, y dispuesto a recibir esa transformación.

Le ocurrió a Abraham, a Sarah, a Pablo y a otros personajes bíblicos. A todos ellos les cambiaron el nombre, fueron transformados. Y tú ya tienes una nueva naturaleza dentro de ti desde el momento en que aceptaste a Cristo como tu Señor y Salvador.

Deja que la semilla de la salvación, ya sembrada en ti, florezca y dé fruto. Es tiempo de transformación, redención, restitución y restauración.

Tu nuevo nombre trae consigo tu propósito, tu llamado.

¿Cómo que mi nombre fue cambiado?

Tu nombre ha sido cambiado en el Espíritu. Antes, tu nombre podía ser el pecado que practicabas; ahora eres la justicia de Dios en Cristo. Antes, tu nombre podía ser la soledad que te dominaba; ahora sabes que Él no te dejará ni te desamparará, y ahora eres «la acompañada». Antes, podrías llamarte fracasada; ahora eres más que vencedora por medio de aquel que te amó. Antes, podías pensar que tu nombre era «la rechazada», «la poca cosa» o cualquier mentira que el enemigo te hizo creer. Pero ahora puedes arrancar esa etiqueta, cortar con esas mentiras, porque eso no es lo que eres. Tú no eres un error que cometiste, ni la acusación del enemigo. Silencia ese diálogo interno y abraza las palabras de salvación, restauración y amor que Dios tiene para ti. En Cristo, lees Su palabra y sabes que el Señor te dice cada día: eres amada, y nada ni nadie podrá separarte del amor de Dios que es en Cristo Jesús.

Esto que te escribo me limitó por muchos años. Fui rechazada cruelmente y llegué a creer la mentira de Satanás de que no merecía ser amada. Eso me llevó a buscar amor en lugares equivocados o, incluso, a mendigarlo.

Mi nombre, Karla, significa "la que es fuerte". Y es cierto, muchas veces saqué fuerzas de donde no había, pero eran mis propias fuerzas. Eso termina desgastándote (¿te ha pasado?), y al final te das cuenta de que sola no puedes. Toda esa fortaleza es pasajera, y terminas deseando que alguien más termine el recorrido por ti.

Pero… ¡Dios nunca llega tarde!

¿Sabes qué me habló Dios a mi corazón, qué me enseñó durante mi tiempo de mirra y perfumes exquisitos, durante mi enseñanza al estilo Mardoqueo y Hegai? Me dijo: "Karla, eres muy amada, y eso no cambia".

¡Y eso te dice hoy a ti! Anótalo, repítelo, o haz como yo: ponlo sobre la cabecera de tu cama para que lo leas cada día y lo tengas siempre presente.

Ya no importa si mi nombre es "la que es fuerte". Ahora me gozo en saber que soy **"la muy amada"**. No tengo que ser fuerte, solo necesito saber que soy amada, porque de ahí surge la verdadera fortaleza. No se trata del porqué o el para qué, sino de quién está contigo y no te abandona.

Tu identidad se renovó

"Entonces verán las naciones tu justicia, y todos los reyes tu
gloria, y te llamarán con un nombre nuevo, que la boca del SEÑOR
determinará."
Isaías 62:2 (Nueva Biblia de las Américas)

El nombre que te pusieron tus padres es importante, pero no tan decisivo como los nombres que adoptas en tu alma y que llegan a moldear quién eres y cómo actúas. Te ligas emocionalmente a ellos y los crees hasta que se vuelven parte de tu identidad. Para ilustrar esto, "tu nombre" podría haber sido el pecado que practicabas, el sentimiento que te dominaba, los errores que cometiste, el vicio que te controlaba, tus defectos, la culpa que cargabas, los señalamientos de los que fuiste objeto o la reputación que tenías. Esa designación o situación podía hacerte creer que ese era el propósito y rumbo de tu vida.

Tú y yo tenemos un desafío diario: decidir qué voz escuchamos. Siempre oiremos una voz interior que puede ser la de Dios o la de Satanás. Debemos elegir si permitimos que Dios nos hable por medio de su Espíritu Santo y su Palabra o si dejamos que Satanás lo haga.

"De modo que si alguno está en Cristo, nueva criatura es; las
cosas viejas pasaron"
2 Corintios 5:17 (Reina Valera, 1960)

Para quien está en Cristo, es su palabra la que determina claramente su voluntad y la dirección que debe tomar su vida; por lo tanto, también define quién es, cuál es su identidad, quién es su autoridad y cuál es su herencia. Cuando Dios te ve, ve a su Hijo y todo lo que Él representa. Por medio de la entrega de Cristo en la cruz, se iluminó para ti tu verdadera naturaleza.

Te animo a que dejes atrás el título que te habías dado antes y te apropies del nombre que hoy es tuyo. Quizás te identificabas con la maldad que practicabas; ahora te llamas "la justicia de Dios en Cristo" (2 Corintios 5:21). Antes, tu nombre podía ser el sentimiento de soledad que te dominaba; ahora sabes que Él no te dejará ni te desamparará (Deuteronomio 31:8), así que ahora eres "la acompañada".

Quizás te llamabas a ti misma "fracasada" y, por más que intentabas alejarte de lo que te hacía caer o tomar malas decisiones, no lo lograbas. Pero ahora sabes que eres "más que vencedor por medio de aquel que te amó" (Romanos 8:37). Tal vez asumiste el papel de víctima o te sentiste así en algún momento de tu vida, pero ahora el Señor te llama "victoriosa" (Salmo 149:4). Antes, pensabas que tu nombre era "la rechazada" o "la poca cosa", o cualquier mentira que el enemigo te susurró al oído. Sin embargo, ahora puedes arrancar esa etiqueta, cortar con la mentira y darle la espalda al pasado, porque, aunque hayas sido algo de lo que te avergonzabas, eso no es lo que eres hoy.

Dios te ha dado el poder y la autoridad para romper con todo lo que te ata (Isaías 43:25). Él te ha dado libertad para romper con cualquier atadura porque te ha hecho una nueva criatura (Gálatas 5:1).

Una tarde recibí una llamada de una amiga. Llevaba semanas muy triste, pero ese día estaba pasando por una crisis emocional. Ya no podía más y decidió llamarme.

—Karla, aborté —Logró decirme tras varios minutos de llanto, gemidos y reproches—. Estoy segura de que Dios nunca me va a perdonar. Maté a mi hijo —repetía, destrozada, mientras cargaba sola el peso de la culpa.

Nunca me había enfrentado a una situación así ni a un dolor tan grande. Traté de asimilar todo lo más rápido que pude para dar la palabra oportuna. La única respuesta que tuve y tengo hasta el día de hoy es el evangelio, que es poder de Dios para salvación (Romanos 1:16).

Después de escucharla, le presenté el evangelio de Cristo hasta que logró tranquilizarse. Tras unos minutos, le pregunté:

—Princesa, piénsalo bien y contéstame. ¿Crees que Jesús, el Hijo de Dios, murió por ti y tomó tu lugar en la cruz para pagar tus pecados?

—Sí —me respondió, con la voz entrecortada por el dolor del arrepentimiento.

—¿Crees que Él dio hasta su última gota de sangre para que tú no tuvieras que estar en esa cruz y así limpiarte de todos tus pecados, incluso de la mentira o del aborto, y redimirte?

—Sí, lo creo con todo mi corazón —me dijo pausadamente—. Necesito su perdón. Lo necesito, lo necesito.

—Entonces, no eres más una asesina. Quítate esa marca. En Cristo, hoy eres una mujer amada y redimida.

Te resumo aquí una conversación de más de una hora y destaco que la victoria fue y es de Cristo. El nombre de Jesús significa "Dios salva".

Amiga, tú no eres un error que cometiste ni la acusación del enemigo. Jesús vino para deshacer las obras del diablo (1 Juan 3:8). Silencia ese diálogo interno y abraza las palabras de salvación, restauración y amor que Dios tiene para ti. En su palabra te muestra quién eres hoy en tu espíritu. Atesora esto en tu alma también.

En Cristo, lees su palabra y escuchas al Señor decirte cada día: "Eres amada, y nada ni nadie te podrá separar del amor de Dios que es en Cristo Jesús" (Romanos 8:35-39). Tu nombre ha sido cambiado en el Espíritu.

Esto que te escribo me limitó a mí durante muchos años. Fui rechazada cruelmente y llegué a creer la mentira de Satanás de que no merecía ser amada. Totalmente quebrantada, con un deseo de ser aceptada por el hombre antes que por Dios, busqué amor en lugares equivocados, incluso llegué a mendigarlo. Nunca llenaba el vacío que tenía; solo aumentaba.

Ester tomó la decisión correcta: decidió agradar a Dios, exponiendo su vida antes que al hombre. Ese es el valle de decisión de muchas de nosotras, que marca el inicio de un viaje para escuchar el corazón de Dios.

Mi nombre, Karla, es de origen germánico y significa "la que es fuerte". En mi vida, he tenido que ser fuerte muchas veces y, te confieso, saqué fuerzas de donde no las había, pero eran mis propias fuerzas, todo con mis habilidades y recursos limitados. Eso terminó desgastándome. ¿Te ha pasado? Al final, te das cuenta de que sola no puedes. Toda esa fortaleza que surge en un momento es pasajera y humana; terminas agotada, deseando que alguien más termine el recorrido por ti.

Pero… ¡Dios nunca llega tarde!

¿Sabes qué me habló Dios al corazón? Durante mi tiempo de mirra, ungüentos y perfumes exquisitos, durante mi enseñanza al estilo de Mardoqueo y Hegai, Él me dijo: "Karla, eres muy amada y eso no cambia".

Abrí mis ojos a esta verdad. Ya no me importa si mi nombre es "la que es fuerte", porque ahora me gozo y descanso en saber que soy "la muy amada" por Dios. No tengo que ser fuerte, solo necesito saber que soy sumamente querida y aceptada. De ahí surge la verdadera fortaleza. No se trata del porqué o para qué, sino de quién está contigo y no te abandona.

Esa revelación a mi alma me hizo llorar por horas y desbordar mi corazón en gratitud profunda.

¡Y eso te dice hoy a ti! Anótalo, repítelo o haz como yo: ponlo sobre la cabecera de tu cama para que lo leas cada día y lo tengas siempre presente: **Soy muy amada.**

Siéntete segura de saberte amada.

"El nombre del Señor es torre fuerte; a ella corre el justo y está a salvo."
Proverbios 18:10 (Nueva Biblia de las Américas)

La torre era, en tiempos de guerra, un lugar seguro y un elemento importante de defensa. Este versículo es un ejemplo de cómo Él quiere que lo conozcamos.

Dios, a través de la Biblia, ha revelado su naturaleza por medio de sus nombres, mostrando cualidades importantes de Él mismo. Él anhela que lo conozcas íntimamente. Se ha mostrado como Jehová Jireh, el Señor nuestro proveedor; Jehová Tsabá, nuestro guerrero; Jehová Shalom, nuestra paz; Jehová Rohi, mi pastor; Jehová Nissi, el Señor es mi estandarte; Jehová Rafa, el que sana; Jehová Tsidkenu, nuestra justicia; Jehová Mekoddishkem, el que santifica; Emanuel, Dios con nosotros. Él se interesa en que sepas quién es, el alcance de su poder y autoridad, y quién eres tú. El nombre más importante con el que se ha revelado es: tu Padre (Juan 14:7).

Puedes descansar en que tu amado te resguarda. En su infinito amor, Él te defiende, cuida de ti, sana tus heridas, provee para ti; es tu Padre, el Padre de tus hijos y todo lo que necesites. ¡Qué gran deleite y qué gran descanso!

Tu nombre fue cambiado espiritualmente por Dios cuando recibiste su perdón. Por lo tanto, amada, quita tu atención de tu nombre terrenal y enfócala en tu nombre espiritual para que transforme tu forma de pensar acerca de ti misma y, por lo tanto, tu manera de vivir. Así como Ester, que ya no era Mirto; ella se convirtió en Estrella y, como estrella, brilló y fue una herramienta de salvación para su pueblo. A Jacob se le cambió el nombre de suplantador a "Dios pelea" y fue uno de los padres de una gran nación. Yo, Karla, ya no soy solamente "la fuerte"; ahora soy la perdonada, la amada, la redimida. Esa es tu nueva naturaleza, tu nueva identidad. ¡Aprópiate de ella!

Hagamos un ejercicio: piensa en algún "nombre" del que te hayas apropiado y que te esté lastimando e impidiendo que seas libre en alguna área de tu vida. Busca en la Biblia el nombre que Dios te da hoy.

Oremos juntas

Señor, gracias por transformar mi manera de pensar por medio de tu Palabra. Yo quiero escuchar tu voz, la del buen Pastor, y no quiero escuchar la voz de un extraño. Háblame. Confío en que tu amor, tu voz y tu Hijo Jesús me llevan a delicados pastos donde me haces descansar y donde soy una oveja confiada, en paz y feliz. Renuncio a seguir cargando con los sellos o etiquetas de mis faltas, pecados o errores y acepto los nombres espirituales que me has dado en Cristo, que vienen con una nueva identidad. Ahora soy linaje escogido, real sacerdocio, nación santa, pueblo adquirido por Dios, para anunciar las virtudes de aquel que nos llamó de las tinieblas a su luz admirable (1 Pedro 2:9).

Amén.

Capítulo VIII

Vístete

Identidad y vestidura

Actualmente, está de moda acudir a una consultora de imagen para que nos ayude a mejorar nuestro aspecto externo. Durante el proceso de formación y transformación que nos brinda un(a) consultor(a) en esta área, se abordan temas importantes para lograr ese impacto en nuestro embellecimiento, tales como la elección de prendas, colores, calzado, el uso de aceites especiales, perfumes, cremas, ungüentos, maquillaje y todas esas cosas que las mujeres solemos usar para vernos bien externamente (y que, admitámoslo, nos encanta, ¿cierto?).

El problema es que a veces nos quedamos solo en esa ayuda enfocada en lo externo, como hemos tratado en diferentes secciones de este libro, y dejamos de lado la necesidad de proyectar una verdadera belleza que nace en nuestro interior, impartida por Dios a cada una de nosotras a través del Espíritu Santo. En esa revelación de quién eres internamente, de lo que te ha sido dado, es donde surge la palabra **identidad**. Es tu esencia, tu ser más íntimo, y ahí radica tu verdadera belleza.

¿A dónde y a quién perteneces?

¿Cómo te ve el Señor?

La palabra "identidad", según el Diccionario de la Real Academia Española (2024), "es el conjunto de rasgos propios de un individuo o de una colectividad que los caracterizan frente a los demás". Es la conciencia que una persona tiene de ser ella misma y distinta a los demás. El ser humano tiene un anhelo intrínseco de saber quién es, de dónde viene, cuáles son sus raíces y su origen.

Ester sabía que era judía y lo que eso implicaba; conocía sus raíces, su trasfondo y las costumbres de su cultura.

Saber quién eres determina muchas cosas en tu vida. ¡Eres hija de Dios!

Cuando aceptaste a Cristo como tu Salvador y Señor, pasaste de muerte a vida; fuiste trasladada del reino de la oscuridad, donde estabas muerta en tus delitos y pecados, al reino de Jesús. Esto sucedió porque Él lo quiso y pagó el precio por ti, para que tengas vida eterna y nunca te apartes de su lado. Así que ya no perteneces a este mundo, sino al reino de los cielos. ¡Eres una mujer celestial!

Es leyendo la Biblia que descubrimos nuestra verdadera identidad.

No somos lo que el mundo dice. Somos quienes Dios dice que somos, según Su palabra y lo que ocurrió cuando Cristo exclamó: "Consumado es".

Vamos a personalizar Juan 3:16 *(Reina Valera, 1960)*, que dice:

> *"Porque de tal manera amó Dios al mundo, que*
> *ha dado a su Hijo unigénito, para que todo aquel que*
> *en él cree, no se pierda, mas tenga vida eterna".*

Pon tu nombre en los espacios en blanco y luego léelo en voz alta tres veces:

> *"De tal manera amó Dios a _____,*
> *que dio a su Hijo unigénito para que _____*
> *no se pierda, sino que tenga vida eterna".*

Cristo venció hasta la misma muerte, nuestro peor enemigo, el más profundo de nuestros miedos. Míralo a Él para entender mejor tu identidad. No busques en tus padres terrenales la confirmación de quién eres o cuál es tu yo interno; mira a Dios, porque es a Él a quien te pareces. Eres de Su linaje.

Así de grande es Su amor por ti, que lo dio todo, ¡incluso a sí mismo!

Hoy puedes entender y creer que eres perdonada, justificada, bendecida, sabia, confiable, virtuosa, bondadosa, paciente y, sobre todo, muy amada. Estos son atributos hermosos que ya te pertenecen. ¡Eres una hija amada del Dios Todopoderoso!

Este proceso de despojarte del ropaje viejo y vestirte del nuevo es continuo. Es un ejercicio diario. ¿Sabes qué es importante también? Saber llevar tu corona, junto con la belleza y el peso que conlleva.

¿Qué precio pagó Ester para llegar a ser reina? ¿Qué hizo para obtener la autoridad que tuvo?

Te aseguro que la corona que la reina Ester llevaba no se ganó con trajes, accesorios, maquillaje, buen cuerpo, belleza física, joyas o perfumes, aunque quizá tuviera muchas de esas cualidades. No la consiguió por su propio esfuerzo o méritos, sino por la gracia del Señor en quien creyó y a quien obedeció. Fue su sometimiento a la voluntad de Dios y la acción del Espíritu Santo en su vida lo que generó en ella carácter y sabiduría. Ester honró y respetó a quien debía, sabiendo que Dios podía redimirla en cualquier circunstancia.

Mientras que Vasti fue irrespetuosa, Ester fue respetuosa; mientras Vasti fue desobediente, Ester fue obediente. Vasti deshonró, Ester honró. Vasti no comprendía su papel, pero Ester sí sabía cuál era su identidad.

Separación de la luz y las tinieblas

Hay siempre una dicotomía entre la luz y las tinieblas. Ester estuvo dispuesta a dar su vida por los valores y principios que la guiaban, asegurándose de que se cumpliera la voluntad de Dios en su vida. El desafío de ser la novia que se prepara para ser esposa es grande, pero ya todo fue pagado y la recompensa es inmensa.

No necesitamos construir un reino ni hacer un Rey, todo ya está hecho para nosotras.

¡Jesús lo pagó todo! En Él, hemos sido trasladadas del reino de la oscuridad al Reino de Su Hijo.

Capítulo IX

Un padre o un esposo

¡Wow! Qué complicado es unir estos dos personajes y conceptos en un solo ser. En nuestra mente finita, no encaja que alguien pueda ser tanto nuestro padre como nuestro esposo. Pero en la palabra, vemos que Cristo es todo en todos. El Señor no solo te dice que Él es tu padre, sino que también es tu esposo.

Cuando aceptaste a Cristo como tu Señor y Salvador, no solo cambió tu destino —ibas camino al infierno y ahora vas hacia el cielo, estabas en muerte y pasaste a la vida—, sino que también se transformó tu posición. Antes estabas lejos, sin acceso al Señor, pero ahora tienes libre acceso a Él, vives en Él y Él vive en ti. Además, tu identidad se renovó. Hoy, todos los recursos del cielo están disponibles para ti en Cristo, porque Él pagó un alto precio para que así fuera.

Debemos cambiar la forma en que vemos al Señor. Sí, Él es todopoderoso, creador de los cielos y la tierra, de todo lo visible e invisible, soberano y majestuoso, sentado en su trono. Él es Dios: admirable, santo, sublime y eterno.

Pero… ¿Sabes? También es tu Padre y tu esposo. Él es todo lo que necesitas. Es tierno, acaricia tu cabello y tu corazón, te abraza con el calor que necesitas, pero también es fuerte y poderoso para protegerte y cuidarte.

"Porque tu marido es tu Hacedor".
Isaías 54:5 (Reina Valera, 1960).

"Vosotros, pues, orad así: Padre nuestro que estás
en los cielos". Mateo 6:9 (Reina Valera, 1960).

El Señor nos creó a su imagen y semejanza, y por eso comprendemos ciertos aspectos de Él reflejados en nosotros. Hay una historia judía que cuenta que, cuando el Señor hizo a Adán, los ángeles no podían diferenciar entre Dios y Adán. ¡A ese nivel de semejanza nos creó el Señor!

Cuando la gente conoce a mi hijo mayor, todos dicen que ¡es igual a mí, pero en hombre! Hay en él una imagen mía tan clara que nadie duda de que es mi hijo. Incluso en su forma de pensar, en su visión de la vida, sus valores, principios y hasta en sus dichos hay semejanza conmigo, porque yo impartí eso en él.

Lo mismo sucede con mi hija. ¡Es increíble ver sus gestos y cómo les habla a los demás, como si me estuvieran viendo a mí! Como padres, impartimos una parte de nuestra esencia en nuestros hijos a lo largo de los años.

Así nos pasa con el Señor. Cuanto más conscientes somos de que somos imagen y semejanza suya en Cristo, más fácil nos resulta imitar lo que Él ya ha puesto en nosotros. Cuanto más leemos Su palabra y nos dejamos guiar por Su Espíritu, más nos parecemos a Él. En Él tienes no solo a un Dios, sino también a un Salvador, a un amigo, a un confidente, a un Padre y a un esposo. No está lejos; está en ti. Al pasar tiempo en oración, en comunión y leyendo la Biblia, vamos haciendo nuestras Sus palabras y adquiriendo Su forma de pensar y ver la vida.

"Aunque mi padre y mi madre me abandonen, el Señor me recibirá". Salmos 27:10 (Biblia Dios Habla Hoy).

"Porque el Señor te ha llamado para que dejes tu dolor, joven esposa abandonada por tu marido". Isaías 54:6 (Nueva Biblia Viva).

Ester perdió a su padre natural, pero su Padre celestial siempre estuvo con ella. A pesar de las adversidades, Ester experimentó el cuidado y la guía sobrenatural en su vida. No debemos poner nuestra confianza en los hombres, sino en Dios. Los hombres fallamos, pero Él no. A través de Mardoqueo, de Hegai y del rey Asuero, Ester pudo ver las manifestaciones de Dios en su vida.

Mujeres, está bien aceptar que necesitamos a Dios, tanto como Padre como también como esposo. Reflexiona:

¿Necesitas a un padre, a un esposo, o a ambos en tu vida? ¿Cómo lo necesitamos como Padre? ¿Cómo lo necesitamos como esposo?

Nuestra primera necesidad fundamental como mujeres es la de tener un padre físico. Las mujeres formamos una relación especial con nuestro padre, y en algún momento de nuestras vidas incluso llegamos a enamorarnos de él. Esto revela nuestra necesidad de tener a Dios como Padre. Antes que todo, eres hija. Él es quien nos formó, nos cuida, nos enseña, nos corrige, nos guía, nos provee, nos da identidad y seguridad. Y aunque crezcamos, esa necesidad de cuidado, consejo y compañía no desaparece. Incluso a los cincuenta años, seguimos necesitando a Papá, descansando en Sus brazos de amor y dependiendo de Él en todo.

Con Dios podemos mostrarnos indefensas y necesitadas porque, en verdad, lo estamos. Comprender esto nos ayuda a sanar áreas de nuestra vida que aún buscan a un padre cuando ya estamos ejerciendo el rol de esposas. Amada, tienes Padre; no eres huérfana.

¿Y cómo necesitamos a Dios como esposo? Este es un tema muy real y humano. El Señor creó el matrimonio como una parte importante de nuestra misión aquí en la Tierra, y ya hemos hablado de ello anteriormente. El matrimonio es la oportunidad de desarrollarse como una unidad junto a tu esposo, de apoyarse mutuamente, de compartir su proyecto de vida, animarse y sostenerse. Es el espacio perfecto para ejercer tu llamado y tu influencia como mujer.

En la cultura judía, un esposo brindaba una cobertura especial a su esposa: le ofrecía un hogar, le daba un nombre, la protegía, proveía para ella y defendía su honor. Juntos construían un proyecto de vida que trascendía. Aunque seamos adultas, seguimos necesitando a Dios como Padre. Y cuando una mujer que ha sido casada pierde a su esposo, también necesita a Dios como esposo, alguien que la cuide y la ayude a alcanzar todo su potencial. En Cristo habita toda la plenitud, como dice Colosens

"Porque a Dios le agradó habitar en Él con toda su plenitud".

En Cristo, tu alma y espíritu han encontrado todo lo que necesitan: salvador, padre, esposo y todo lo necesario para tu vida.

"Dios puso todas las cosas bajo el poder de Cristo y lo nombró cabeza de la Iglesia. Cristo es para la Iglesia lo que la cabeza es para el cuerpo. Con Cristo, que todo lo llena, la iglesia queda completa". Efesios 1:22 (Biblia Traducción Lenguaje Actual).

Recuerda, tu esposo en la Tierra no es tu padre ni cumple esa función. Esta es una de las razones por las que muchos hombres encuentran a sus esposas demandantes o inestables, exigiendo que sus esposos las hagan felices y cumplan un rol que solo Dios puede desempeñar en sus vidas. Esto genera frustración en los hombres, pues sus esposas dependen emocionalmente de ellos, esperando que su felicidad dependa de lo que hagan o dejen de hacer. Sin embargo, ellos no fueron diseñados para ser los padres de sus esposas ni para llenar todas sus expectativas.

Por eso, amada amiga, vemos que ¡Cristo todo lo llena! No hay necesidad afectiva en tu vida que Él no pueda satisfacer. Cuando comprendes que solo necesitas a Él, una gran paz y descanso llenan tu corazón.

Corta con cualquier inseguridad que te haga relacionarte emocionalmente con un hombre esperando que ejerza el rol de padre en tu vida. Tu esposo aquí en la Tierra no es tu papá. Si no tuviste un padre presente o tuviste una mala experiencia con él, recuerda que tienes a un Papá celestial que te cuida y quiere sanar tu corazón.

Amada, no confundas ni impongas expectativas incorrectas en tus relaciones. Recuerda lo que hemos hablado sobre perdón y aceptación para poder seguir adelante en libertad. Lo más importante en tu vida es encontrarte con tu Padre celestial, quien te formó, te ama y siempre te ha amado.

Él lo llena todo en ti. En Él estás completamente cubierta y protegida. Una mujer que confía en la fuente correcta es una mujer llena de la plenitud de Cristo, lista para bendecir al Hijo del Rey todos los días de su vida. ¡Eso es un tesoro!

Oremos juntas

Querido Dios, mi corazón de hija clama por un padre. Mi padre biológico tenía defectos, era humano, y en ocasiones me sentí herida, desprotegida y asustada. Sana mi corazón, Señor, y muéstrate como mi Padre. Te necesito para que me cuides, me protejas, me proveas, me transformes, me enseñes y me consientas. Renuncio a sentirme huérfana, porque te tengo a ti como Padre en mi vida.

Señor, porque tú me amas, hoy te pido que aumentes mi fe y que, si es tu voluntad, traigas a mi esposo a mi vida. He entendido que debo ser sanada primero, y me comprometo a convertirme en la mujer que tú quieres que sea. En el nombre de Jesús, amén.

Capítulo X

Enamórate

En el capítulo uno de Ester, podemos ver cómo el rey Asuero, quien gobernaba desde la India hasta Etiopía y tenía en sus manos el poder sobre la vida y la muerte de miles de personas, era un rey cercano, amable, generoso, sabio y justo, además de poderoso e inmensamente rico.

¿Cuánto se hablaría en el pueblo acerca de todas las admirables cualidades humanas del rey, además de su posición y autoridad? (Es de más decir que eran sumamente atractivas).

Las mujeres convocadas como candidatas para ser la futura reina no iban asustadas o temerosas, ni resignadas o tristes. ¡La oportunidad que tenían frente a ellas era única e irrepetible! Era una ocasión deseada y anhelada por cualquier mujer de la época que se considerara en su sano juicio.

Al escuchar cualquier conversación sobre el rey, seguramente, estas mujeres desarrollaban una creciente admiración por él. Al ser llevadas al palacio, la emoción las embargaba de pies a cabeza, y aún más intensamente a medida que se acercaba la fecha de su gran encuentro con él.

Me imagino que entre ellas se contaban historias sobre cómo era él, cómo lucía con tal o cual atuendo, alguna hazaña o anécdota que alguien había escuchado del rey y que se transmitía de boca en boca. Tal vez alguna lo veía pasar por la ventana, lo que generaba gran entusiasmo entre todas.

Puedo imaginar las preguntas que les hacían a los eunucos encargados para saber más acerca de él. Nadie hablaba de otra cosa que no fuera el rey, y su único deseo era prepararse para agradarle. Todos los demás asuntos de su vida perdían relevancia ante el nombre de Asuero. Soñaban con él, ansiaban verlo, lo imaginaban en todo momento, y dirigían sus pensamientos intencionalmente hacia él. Todo a su alrededor comunicaba quién era, su poder, su influencia y su autoridad. El ambiente estaba impregnado del rey.

Él se convertía en el centro de sus vidas, de sus fantasías, de su presente y su futuro. Conocer lo más íntimo de él, sin siquiera haberlo visto, era la razón de sus existencias, y utilizar todas las herramientas a su alcance para lograr ese objetivo se volvía su pasión. ¡Se enamoraron de él!

Es en este contexto que Ester llega a conocer a su amado, sin haberlo visto nunca antes. Lo fue conociendo íntimamente a través de Hegai, el eunuco que lo conocía personalmente. Así, Ester admiraba a su amado, pues había aprendido a honrarlo sin conocerlo, gracias a lo que había aprendido de Mardoqueo y que se había perfeccionado durante el año de su tratamiento de belleza, estoy segura de que Asuero percibió todo esto cuando estuvo cerca de ella.

No solo era hermosa físicamente, ya hemos leído que todas las mujeres convocadas y presentadas al rey eran bellas, preparadas y ataviadas. Ester tenía algo más, algo que él buscaba, algo que trascendía e impactaba, y que en Vasti ya no encontraba.

Lo que buscaba este poderoso rey no era solo belleza; buscaba respeto, honra, sujeción, y, de mi parte, añadiría la intimidad con el Espíritu Santo. Eso es lo que te permite conocer a tu amado antes de tenerlo frente a ti. Primero honras al Señor, y luego estarás lista para honrar a tu pareja.

Quiero hacerte estas preguntas:

- ¿Qué haces para conocer a tu Rey?

- ¿Qué tiempo dedicas a prepararte para conocerlo?

- ¿A quién le preguntas sobre Él?

- ¿Qué tiempo dedicas a entender que Él te está buscando, que te anhela y quiere amores contigo?

Como muchas mujeres, disfruto de las películas románticas. Soñaba con tener una relación de amor, cenar a la luz de las velas, caminar tomados de la mano por la playa y ver el atardecer abrazados, con un cálido y efusivo beso. Me ilusionaba pensar en despertar junto a mi esposo y acostarnos juntos al final del día. Pero en mis planes humanos, nunca había soñado con tener esa relación primero con el Señor. Que fuera Él quien me hiciera querer regresar pronto del trabajo para lanzarme a su amor, compartir juntos una linda conversación, leer su palabra y sentir su abrazo y consejo.

*Tienes que amar primero al que no se
ve, para luego amar al que se ve.*

*Tienes que honrar primero al que no se
ve, para luego honrar al que se ve.*

Conoce cuánto te ama, cuánto desea estar cerca de ti, y lo que fue capaz de dar por ti. Porque Él te amó, como lo vemos en Juan 3:16.

Dedica tiempo a sentirte rodeada por Su amor, generosidad, cuidado, atención, pasión y todas las cosas bellas que ya te ha dado, y que Él piensa y siente por ti. Pídele que te atraiga con Sus cuerdas de amor. Él quiere bendecirte y hacerte bien todos los días de tu vida, y eso no cambia.

Saberte amada de esa forma, con inagotable bondad, paciencia y generosidad, te transforma desde la forma de pensar hasta la manera de actuar.

*"¿O acaso desprecias la inmensa bondad de Dios, su tolerancia
y su paciencia, sin darte cuenta de que esa bondad te está llevando a
cambiar de conducta?"*
Romanos 2:4 (Biblia Hispanoamericana Interconfesional)

Cásate con el rey

No sé si has reflexionado alguna vez en quién quieres que entre en tu vida. ¿Qué tipo de persona quieres que comparta contigo tus noches, días, conversaciones, proyectos, ilusiones, anhelos y dudas? ¿Quién será esa persona que esté para ti siempre?

Yo, como divorciada, sé lo que es aprender a ser selectiva con quién ingresaba a mi espacio personal, pero aún más importante, sé lo que es confiar plenamente en que el Señor es mi esposo, tal como lo expresa Isaías.

Esto tiene una connotación profunda cuando decides creer y comprendes que el Rey de Reyes es tu esposo espiritual. Debes decidir que tu esposo aquí en la Tierra no puede ser cualquiera.

La palabra de Dios dice en Jeremías 17:5 *(Reina Valera Actualizada, 2015)*: *"Maldito el hombre que confía en el hombre"*. Aplico ese consejo de la Biblia al hecho de que debes prepararte para entregar tu vida, tu corazón y tu ser no a un hombre que podría fallarte, sino a Jesús, quien ya lo ha dado todo por ti.

Aprendí que es fundamental ser consciente de que el Señor es quien debe ser tu esposo. Y me llevé grandes golpes emocionales por creer que era más inteligente que Dios y actuar según mi propia sabiduría, eligiendo según mis deseos y conveniencias personales. Actué de manera independiente de Dios, sin entregarme ni dejarme amar, cuidar y edificar por el esposo perfecto que es Cristo.

Dale el lugar al Señor, permite que te transforme con Su amor, cuidado y respeto. Acostúmbrate a ser honrada de la forma correcta. Toma conciencia, ¡que se abran tus ojos! Recibe esta verdad: Él no solo estaba dispuesto a dar Su vida por ti, sino que ya la dio. Son hechos, no solo palabras.

Libérate de toda forma errónea de pensamiento sobre lo que es el amor. No te perteneces a nadie más que a Aquel que te amó a tal punto que dio Su vida por ti, abriendo los cielos para que, ahora, con solo cerrar tus ojos y abrir los ojos de tu entendimiento, puedas verlo y oírlo, no solo a tu lado, sino dentro de ti.

Estás más cerca de tu amado de lo que piensas o imaginas. Estás en Él, porque fuiste formada por Él y para Él. Eres una mujer gestada en el corazón de Dios. Ahí vives, ahí perteneces, y quien quiera encontrarte debe buscarte en ese lugar donde habitas, donde está tu refugio.

Es cuando pasamos tiempo con Él, conociéndolo más, dejándonos amar y recibiendo una revelación plena de lo que ya nos ha concedido, que comenzamos el hermoso viaje de convertirnos en la mejor esposa. Solo su amor puede sanar nuestras heridas, darnos la seguridad e identidad que cada una de nosotras necesita recibir.

Eva fue hecha a imagen y semejanza de Dios, pero no lo había abrazado en su corazón, y por eso fue engañada por la serpiente. La serpiente le dijo que si comía del árbol del conocimiento del bien y del mal, sería como Dios. ¡Pero ya había sido creada como Él! La palabra que Dios te ha dado en este libro, abrázala y créela.

Esa es tu identidad: eres una con Él

Eva buscó ser independiente de Dios, empoderada, autosuficiente. ¿Te suenan familiares esos términos? Eso es lo que busca el enemigo, esa separación, que siempre busques basarte en tu propio desempeño y acciones. Sin embargo, tú y yo hoy entendemos que queremos depender más de Él cada día. Todo se trata del Amado, de nosotras en Él y Él en nosotras. ¡Ese es el lugar perfecto!

Yo llegué a sentirme rechazada, descalificada, insignificante y no suficiente por un hombre que no me amaba. Fui maltratada emocionalmente, lo que me llevó a una gran inseguridad y baja autoestima.

Muchos de estos problemas provienen de heridas que sufrimos en la niñez, cuando no entendíamos ciertas situaciones en momentos vulnerables de nuestro desarrollo emocional. Arrastramos esas heridas, falta de perdón y complejos no resueltos, lo que nos afecta hasta que decidimos que ¡ya no más!

El trabajo de psicólogos y coaches está limitado a la sabiduría humana. Aunque recibas terapia durante mucho tiempo, si no tienes un encuentro con el amor del que te hablo, con ese perdón sin límites y con la sabiduría viva y eficaz que Dios te ofrece, seguirás sintiendo un vacío en algún momento o repitiendo ciclos destructivos y conflictivos sin resolver muchos aspectos de tu vida.

Ester se casó con el rey Asuero. Su matrimonio fue una luz en medio de la oscuridad de un pueblo. Su amor tuvo frutos más allá de una hermosa historia que hoy contamos. Casarse tiene un impacto en tu vida y en la de los tuyos. Asumir ese compromiso de amor, lealtad y compañerismo con el Amado conlleva grandes desafíos, pero también las recompensas más preciosas. Casarte con el Rey de Reyes y Señor de Señores es la mejor decisión que puedes tomar en tu vida.

Hay un momento dramático en la historia de Ester cuando, impulsada por Mardoqueo, por su pueblo y por ella misma, entra en la presencia del rey sin ser llamada. Había un decreto de muerte en su contra y contra su pueblo. No había salvación visible. Si no moría en ese momento, moriría más tarde. Ya lo hemos leído anteriormente, pero quiero destacar otro detalle de esa situación.

La escritura relata en Ester 4:11 que todos los servidores del rey y el pueblo de las provincias sabían que la ley indicaba que cualquier hombre o mujer que se acercara al rey sin ser invitado en el patio interior enfrentaba una sola ley: la pena de muerte, a menos que el rey extendiera su cetro de oro y perdonara su vida.

Sabiendo esto, Ester se arriesgó. Convocó un ayuno de tres días y, en el capítulo 5, dice: *"Al tercer día, Ester se puso sus vestiduras reales y fue a pararse en el patio interior del palacio, frente a la sala del rey. El rey estaba sentado allí en su trono real, frente a la puerta de entrada. Cuando vio a la reina Ester de pie en el patio, se mostró complacido con ella y le extendió el cetro de oro que tenía en la mano"*.

Esta escena me conmueve profundamente. Ester creyó que ya no era cualquier mujer, así que dio un paso de fe, se puso sus vestiduras reales para presentarse ante el rey y fue como lo que ya era: una reina. Ya se le había otorgado el cargo, ya tenía una investidura, ya llevaba una corona, no por sus méritos, sino porque el rey lo había decidido así. Aunque como judía había un decreto en su contra, como reina tenía influencia y una posición, no porque ella lo decidiera, sino porque su rey lo había hecho.

Cuando Asuero la vio de pie en el patio, no vio a cualquier mujer, vio a su reina. Ester no fue a negociar con su adversario, sino que acudió al único que podía salvarle la vida. Esto me habla de lo que sucede cuando rindes tu vida a Cristo y aceptas que Él dio su vida por ti. Él tomó tu lugar y pagó el precio de tu redención, de tu esclavitud, de tu vida. Por lo tanto, cuando recibes el regalo del perdón y lo reconoces como tu Señor y Salvador, ya no eres cualquier mujer; ahora eres suya, y Él da la cara por ti. Él se vistió de tu pecado para que tú ahora te vistas de su justicia. Cualquier decreto, ley o mandato contrario que el acusador levante contra ti ya no es válido.

El destino de Ester era morir ante el rey o más tarde por ser judía, pero ya Dios había provisto salvación en ambos casos, y lo mismo ha hecho por ti. Él te salva la vida aquí, ahora y para la eternidad. Tienes un nuevo ropaje, hay realeza en ti, y cuando Dios Padre te mira, no te ve a ti, sino que te ve vestida de Cristo, y tienes libre acceso a Él. Me gusta pensar que se complace en ti y que provocas su sonrisa. Tu destino está a salvo.

"Por tanto, acerquémonos confiadamente al trono
de la gracia, para recibir misericordia y hallar la gracia
que nos ayude en el momento que más la necesitamos".
Hebreos 4:16 (Reina Valera Contemporánea)

Amada, el cetro de oro ya ha sido extendido a tu favor. El Señor ha decidido amarte, bendecirte y proveerte de ayuda, y Él no se retracta.

Hay un pacto más alto entre Dios y tú. Recuerdo una temporada sensible en mi vida en la que, estando en Nueva York, me acerqué a una vitrina con anillos de compromiso. Me quedé absorta y emocionada mirándolos, pensando que algún día me gustaría usar uno. De repente, sentí en mi corazón una voz que me dijo: "Escoge un anillo; es símbolo de nuestro compromiso. Úsalo". Lo pensé por un momento, pero luego me moví en fe. Fue un momento muy especial de reafirmación para mí, ya que en ese tiempo, como divorciada y habiendo pasado por un quebrantamiento emocional, recibir una muestra de amor de ese tipo era un bálsamo para mi espíritu.

Entré a la tienda con gran ilusión, escogí el anillo y lo lucí durante varios años con "orgullo santo", ya que representaba un pacto que no se iba a romper. Un pacto con un hombre era frágil, como ya lo había experimentado, pero ahora comprendía que estaba sellada para Él. Por más que tratara de huir, no había nada que llenara mi vida como

Él, y Él me seguiría por el resto de mis días. Solo Él tiene las palabras que sanan tu vida, solo Él tiene la compañía que llena todos los vacíos. Comprometí mi amor a Él. No prometí ser perfecta, porque sé que nunca lo seré, pero accedí a ser amada por Él, y fue Su amor, paciencia y bondad los que cambiaron mi vida. Tú también puedes hacerlo.

El pacto que Él te ofrece es el más alto que puedes recibir en tu vida.

Él quiere verte radiante y feliz. ¡Eres una mujer valiosa y digna!

Si meditas en las enseñanzas de este libro, quiero motivarte a que dances de alegría mientras esperas la llegada del amado de tu corazón. ¡Él ya te está buscando!

Oremos juntas

Dios, quiero que me encuentres. No quiero endurecer mi corazón hacia ti. Te necesito y deseo tener una historia personal contigo. Quiero danzar contigo con alegría. Quiero escuchar tu voz en mi vida, ser testigo de tu amor, y comprender que soy tu imagen y semejanza en tu Hijo. Ya lo soy, no tengo que esforzarme por serlo, porque en tu Hijo ya lo soy. No quiero luchar más contra la duda que me hacía pensar que podrías no estar conmigo, sino disfrutar de que estoy en ti. Sí, estoy en ti, y nada ni nadie me separarán de tu amor, que ha sido manifestado en tu Hijo para mí. En el nombre de Jesús, amén.

Capítulo XI

Mi proceso

Casi a mis cincuenta años, yo no había perdido la esperanza de disfrutar de un amor de pareja. Años atrás, tuve un matrimonio en el que fui objeto de infidelidades y agresión psicológica y emocional sostenida. También tuve una relación con un hombre que resultó ser alcohólico y, en otro momento de mi vida, después de un tiempo de relación, me abandonaron. Te cuento esto no para generar lástima, sino para compartirte que tengo cicatrices que me dan luz verde para decirte que Dios tuvo una salida para mí a pesar de mis malas decisiones, y la tiene para ti. Este proceso de búsqueda incansable de amor en esos lugares equivocados fue donde experimenté el dolor de un corazón roto, la puñalada del abandono, la bofetada de la traición, el golpe del rechazo y la herida profunda de los insultos denigrantes. En vez de destruirme, Dios usó todo eso para ayudarme a poner límites, a no dejarme manipular, a poner la razón antes que la emoción, y a ver con mayor precisión muchos temas no resueltos en mí. Así, pude romper cadenas y ataduras mentales; en resumen, me ayudó a sanar.

Por varias razones, había normalizado el abuso, no sabía ser amada, tomaba responsabilidades que no eran mías como propias para recibir aceptación e, incluso, me negué a mí misma por migajas de afecto, hasta que abrí los ojos a todo eso. Amiga, abrí los ojos a que el maltrato no es amor, los celos no son amor, la desconfianza no es amor, el egoísmo no es amor, la ofensa no es amor, el miedo a tu pareja no es amor. Aunque este no es un libro para hablarte de estas cosas, tengo que mencionarlas porque muchas mujeres dentro del pueblo de Dios creen que honran a Dios al entrar o quedarse en relaciones destructivas, creyendo que eso es amor, pero no lo es. Tu esposo debe ser tu lugar seguro, nunca lo contrario. Yo redirigí el lugar donde había puesto mi mirada y replanteé conceptos erróneos, ya que había caminado equivocada por mucho tiempo.

Lo más impresionante es que, después de haber experimentado tantas malas experiencias, ya con casi cincuenta años de edad, seguía con la fe viva en el amor de pareja y en el matrimonio como un diseño de Dios que quería alcanzar algún día. Tenía dentro de mi corazón la aspiración de tener un esposo. Ese deseo no se iba ni me dejaba. Llegué a avergonzarme, ya que muchas personas a mi alrededor no entendían lo que ocurría dentro de mí, aunque, gracias a Dios, otras sí me apoyaron. Las malas experiencias relacionales del pasado habían hecho daño, pero se sumaba el hecho de que era una mujer independiente, jefa de hogar, solvente, con una vida alegre y socialmente activa. Parecía ilógico querer "complicarme" con un hombre nuevamente. Podía equivocarme otra vez, y sabía que, si lo hacía con mi propia sabiduría, me habría equivocado de nuevo.

Oré para que el Señor quitara ese sueño de mi corazón, pero el anhelo seguía ahí, hasta que tuve que aceptar que, efectivamente, yo quería un esposo. No lo negué más. En ese proceso, me dediqué a leer la Biblia y, al estudiarla, me di cuenta de que mi diseño primario era ser ayuda idónea, así que dejé de luchar y lo acepté.

Después de esa aceptación, oré en dos direcciones. La primera fue para que el Señor me hiciera la mujer que debía ser para bendecir a un hijo suyo. Me identifico con Ester y su proceso de cambio y embellecimiento interno. Fue un proceso de reconocer, soltar, desaprender, aprender, madurar y dejar que el Espíritu Santo hiciera su obra en mí. No fue fácil. No me consideraba una mala persona, pero sí me resistía a aceptar ciertos temas profundos que, definitivamente, necesitaba cambiar. Pensamientos que debía transformar. Me movía en justicia propia y limitaba a Dios en algunos aspectos de mi vida.

Llevé un proceso para sacar de mi vida amistades que no me convenían, miedos, complejos, culpas que me paralizaban, el pasado, fantasmas y pecados. Sé que tú también puedes hacerlo. En ese proceso, me convertí en una mujer libre en Cristo, consciente de que podía mejorar la vida de quien llegara a mi vida, gracias a la vida que habitaba en mí. Ya no quería ser egoísta, coartar, demandar ni competir. Cambió mi perspectiva sobre cómo deseaba que alguien llegara a mi vida. Abrí toda mi vida a Dios, derribé los límites que le había puesto y me rendí.

Cuando era terca y me negaba a cambiar algo en mi vida, las pruebas eran duras y dolorosas. Pero cuando aceptaba con humildad que necesitaba un cambio y colaboraba con Dios, las cosas fluían. Así, quebrantada ante el Señor, me volví más sabia. Dispuesta a ser enseñada por Él, todo se facilitaba.

En este largo proceso, entender mi posición y propósito en el Señor fue fundamental. Oscilé entre la culpa y el aceptar que ya había sido perdonada. A menudo me culpaba por ser divorciada, pero luego sentía el apoyo de Dios susurrándome que Él daba la cara por mí. También me culpaba por errores con mis hijos, pero Dios me recordaba que Él cuidaba de ellos. Aunque conocía a Dios desde hacía años, no entendía completamente lo que Cristo había hecho por mí, lo que había hecho una vez y para siempre. Aunque lo sabía en mi mente, no lo había experimentado en mi corazón, lo que retrasó el plan de Dios para mí. Me costó entender que ya había sido perdonada una vez y para siempre.

Hebreos 10:10 dice: *"Pues la voluntad de Dios es que el sacrificio del cuerpo de Jesucristo nos hiciera santos, una vez y para siempre"*. Cuando acepté a Cristo como mi salvador, fui hecha un solo espíritu con Él y mi espíritu fue salvo. Mi alma está siendo santificada, pero ya Jesús me salvó en mi espíritu. No hay condenación para mí ni para ti si estás en Cristo. Ya soy justificada y soy la justicia de Dios en Cristo. Fue un proceso dejar atrás las oraciones que me descalificaban, que me mantenían viéndome como una pecadora, y aceptar que ahora valgo la sangre preciosa de Cristo. Pasé por un necesario momento de arrepentimiento, pero hoy sé que soy una mujer redimida que peca, pero ya no soy pecadora. ¡El sacrificio de Jesús fue efectivo en mí una vez y para siempre!

Entendí y experimenté el amor verdadero, el más profundo, el que necesitaba, y eso me acercó al valor que tengo en Él, del que te he tratado de compartir a lo largo de este libro. Eso es el amor. "De tal manera amó que dio a su hijo", dice Juan en la Biblia.

Me dejé amar por Dios en este proceso de crecimiento, a través de la incomodidad de crecer, porque crecer duele. Los seis meses con la mirra dolieron. Cada idea que Dios cambió en mí tuvo consecuencias. Cada pregunta que le hice al Señor, Él la respondió con amor y me enseñó.

Te conté que llegué a comprar un anillo de compromiso dirigida por Él. También tuve fines de semana en la playa entre el Espíritu Santo y yo, caminando juntos viendo el atardecer, jugando con las olas. En mi interior, por las noches, Él me preguntaba dónde iríamos a cenar, porque quería complacerme con su amor.

Aprendí a disfrutar de mí misma y a tener una vida plena conmigo misma y con Él. Mis tardes con Él se convirtieron en un deleite en alguna cafetería hermosa. Nuestras conversaciones, nuestro tiempo juntos y su carta de amor para mí (la Biblia) me llenaban. Estaba inscrita en un gimnasio, los jueves tomaba café con mis padres, iba al cine con amigos, disfrutaba de paseos y, los domingos, con mis hijos, asistía y apoyaba en el grupo de bienvenida de la Iglesia. Los martes iba a mi estudio bíblico. Tenía una importante red de apoyo de personas creyentes que me sostenían.

No faltaba a ningún Congreso para parejas, ya que había decidido prepararme de la mejor forma para ser una buena esposa. Estando yo ocupada y productiva, y viendo cómo el Señor me daba esos despliegues de amor, en algunos momentos tocaba a mi puerta la desesperanza. Venían pensamientos que me decían que mi esposo no llegaría, pero activamente cortaba esas ideas. No quería poner mis ojos en las circunstancias, en razonamientos ni en los comentarios de otras mujeres. Oraba, y Dios me respondía, dándome paz y confirmándome que mi esposo existía, aunque no lo veía en ese momento. Con fe, yo le creía, porque conocía a mi Padre y mi diseño. Seguía orando, creyéndole y siendo edificada y transformada en mi alma. Eso me llenaba de alegría en medio de la espera, mientras vivía mi vida en plenitud.

Tuve mi proceso consciente de rendirme a Él en muchas áreas, aunque no entendiera por qué. Pero, si Su palabra lo decía, yo quería hacerlo, porque estoy convencida de que Él es más inteligente que yo.

Decidí que quería que mi esposo me acompañara en mi propósito en Él. Eso me dio dirección, paz y claridad, ya que mi enfoque ahora era Cristo, no yo. Pero lo más revelador fue entender que mi esposo no era siquiera para mí, sino para Él. Quien fuera mi esposo le pertenecía a Dios, igual que yo. A raíz de eso, hice una lista de los "no negociables" para mí, sobre lo que quería en mi vida y lo que no. Así podía orar y ser guardada en el proceso. Subí mis estándares; ya no eran los del mundo. Estaba clara en que yo no sabía escoger a un hombre, así que fui sabia al escoger al Señor para que Él escogiera por mí.

Pasé un tiempo donde Dios me embelleció. Me dotó de dones y talentos, y me dio dulzura de carácter para ser el oasis de amor para un hijo suyo. El tema es que surgieron muchos admiradores, por lo que pensé en hacer una lista que mantuviera alejados a los hombres lobos vestidos de ovejas. Esa lista me ayudaba a discernir y a orar, sabiendo que el Señor escuchaba mi clamor.

Estaba lista para dar, no para exigir.

Mi lista de oración iba en este sentido:

- Quería a alguien que quisiera crecer en el conocimiento de Cristo conmigo; de lo contrario, NO.

- Quería a alguien que me cuidara, me diera honor y valor; de lo contrario, NO.

- Quería a alguien que hubiera resuelto su pasado y que hubiera tenido un trato con el Señor; de lo contrario, NO.

- Quería a alguien con las prioridades en el orden correcto; de lo contrario, NO.

♦ Quería a alguien osado en conocerme y conocer mi corazón, sin pedirme sexo ni nada por el estilo; de lo contrario, NO.

♦ Quería a alguien que entendiera el matrimonio como parte de su esencia y se entregara a él voluntariamente; de lo contrario, NO.

♦ Quería un hombre que entendiera que necesitaba a su esposa caminando junto a él; de lo contrario, NO.

Todo eso ya era evidente en mi corazón. Mis ojos estaban enfocados en Cristo. Aunque no sabía dónde estaba mi esposo, oraba por él sin conocerlo. Pedía al Señor que lo cuidara, que protegiera su corazón y lo trajera a mí con amor.

Oré con cariño y expectativa por Migue sin conocerlo, por sus retos, sus días, su trabajo y por lo que Dios tenía para nosotros. Aunque yo no sabía qué me convenía, confiaba en que mi Padre, que me amaba profundamente, sí lo sabía. Clamé, rindiéndome por completo, y le expuse a mi Salvador que no me importaba si el hombre que Él tenía para mí era campesino, empresario o profesional; mientras se supiera un hijo amado de Dios, con identidad de hijo y propósito eterno en Él, yo lo iba a honrar como esposo y lo bendeciría.

Muchas veces pedí a Dios con una gran sonrisa y expectativa, pero en otras ocasiones oré de rodillas, entregando todo mi ser, pues quería ver el cumplimiento de mi oración rápidamente. Tú podrías durar semanas, meses o años; todo depende de tu crecimiento, de tu rendición y del prosperar de tu alma. Para Dios, toda tu vida es importante. Esto también lo es para Él.

Te motivo a que vuelvas a las primeras notas que escribiste en este libro, y mires cómo han cambiado los conceptos que venías arrastrando, gracias a la revelación diferente que Dios te ha hablado a través de estas líneas. Yo me rendí, reconocí, oré, intimé con el Señor, creí y recibí.

¡Cuando Dios te ve lista, ese es el momento!

Así como Jesús tuvo su trato conmigo, lo tiene contigo, lo tuvo con mi esposo y lo va a tener con el hombre que tiene para ti. Los grandes hombres de la Biblia también tuvieron sus tratos de vida con el Señor. Un ejemplo es Asuero, un personaje importante del libro de Ester. Él tuvo que lidiar con una mujer bellísima, que a simple vista cumplía con los atributos y exigencias del mundo, pero que no lo honraba, no compartía un proyecto de vida con él, ni lo apoyaba en el propósito de Dios para su vida como rey. Esto quedó en evidencia cuando ella lo avergonzó públicamente. Esa experiencia lo llevó a reflexionar sobre lo que realmente importa en una esposa. Tu proceso te ha permitido o te está permitiendo pesar qué es lo verdaderamente importante en tu vida y en una relación de pareja.

El hombre que Dios tiene para tu vida también tendrá su propio trato con Dios.

Migue es la respuesta a mi oración. Él pasó por un proceso personal duro y difícil, incluyendo la dolorosa experiencia de un divorcio y relaciones fallidas que, aunque difíciles, lo formaron y prepararon para el día en que me encontró. Eso lo capacitó para valorarme, apreciarme, respetarme y hacer todo lo posible para que yo me sintiera amada. Migue había aprendido en su proceso sobre el honor, la unidad, la humildad, la lealtad, la rendición de cuentas, la necesidad que tenía como hombre de la mujer que iba a ser su esposa, la muerte a la vida independiente, la transparencia y la entrega total. Él entendió el concepto de convertirnos en una sola carne, aceptando que no eran dos vidas separadas, como el mundo te indica, sino un trabajo consciente de incluir a su pareja en su vida, sin ningún tipo de separación, cada uno en su individualidad, aportando a ser una sola carne.

En este libro te hablo de mi proceso, ya que está dedicado a la perspectiva de la mujer, pero es necesario que el hombre también entienda su rol, que tenga su propio proceso de desaprender y reaprender. Migue tuvo el suyo, que lo preparó para ser un buen esposo.

Él me cuenta que me vio en un video hablando del Señor y pensó: "Así es la mujer que necesito en mi vida". El Señor le habló pocos días después de conocernos y le dijo que me cuidara porque "yo era su joya preciosa". Recuerdo las lágrimas en sus ojos cuando me lo contó. Dios lo trajo a mi vida a través de un trabajo de control de plagas que su empresa realizó en mi casa y, desde que lo vi, sentí algo de Dios moverse en mí. Me pareció un hombre muy guapo y agradable, y hablamos casi una hora ese día. Hasta la fecha, no hemos dejado de hablar ni un solo día.

Hicimos un compromiso de amistad para conocernos por un mes. Yo le dije a Migue que él llegaba a mí como una hoja en blanco y que solo él podría escribir sobre ella. Ya había pasado un proceso con el Espíritu Santo en el que ni mi pasado, ni la culpa, ni la falta de perdón, ni nada de lo que hemos tratado en este libro se podía inmiscuir. Estaba lista para amar con libertad y por la gracia de Dios. Le dije: "Yo te creo". Eso significaba que no iba a poner en duda nada, absolutamente nada, de sus palabras o sus intenciones conmigo. Solo él podía escribir sobre esa hoja. Y él, por su parte, me dijo: "Estoy listo". Y lo estaba, listo para amar y entregarse en todos los niveles al Señor, a mí y a nuestro matrimonio.

Durante ese mes no nos besamos ni nada, solo conversamos, compartimos y oramos todos los días. Nos hicimos todo tipo de preguntas, desde las más banales hasta las más profundas, que sacaban a la luz convicciones y principios que nos dirigían a cada uno en su vida y que nos ayudaban a entender si había compatibilidad entre nosotros. Fuimos muy honestos; no queríamos ser heridos de nuevo. Quedamos claros de que, si llegábamos a la conclusión de que esa amistad no daría el siguiente paso, estaríamos felices de haber invertido un tiempo de calidad con propósito, respeto y bendición como hijos de Dios.

No nos esforzamos en ponernos una máscara o aparentar algo para causar una buena impresión, sino que nuestra energía se centró en ser reales, transparentes y genuinos. Por supuesto que nos arreglábamos bien cuando nos veíamos, nos perfumábamos y cuidábamos esos detalles, pero no era el enfoque principal. Todo fluyó de maravilla y, el primero de enero de 2020, comenzamos un noviazgo con propósito, en un proceso de conocernos y de crecimiento. Realizamos sesiones prematrimoniales con nuestros pastores, James y Mile, durante diez meses. ¡Aquella vez sí nos besamos! Como si tuviéramos diecisiete años de nuevo, ese fue el sentimiento.

Ya siendo adultos divorciados y habiendo tenido experiencias sexuales anteriores, decidimos que no era lo que Dios quería, así que no lo convertimos en nuestro enfoque, aunque el mundo diga lo contrario. Tuvimos algunas luchas con el tema, pero Dios siempre nos dio la gracia para hacer que la obediencia triunfara y que nuestra relación con Dios y entre nosotros creciera.

Tomamos un curso de dos meses llamado *Blending Families*, donde aprendimos herramientas para compartir en familias combinadas, y también cursamos Finanzas Crown para ordenar nuestras finanzas familiares. Mientras construíamos acuerdos de vida, fuimos ordenados y responsables. No lo dejamos solo en lindos sentimientos o el enamoramiento; no jugamos con "manitas calientes" (como decimos en Costa Rica), sino que vivimos un noviazgo con dirección clara.

Recibimos confirmación y respaldo de Dios a través de nuestras familias, amigos cercanos e incluso aquellos más lejanos. Caminatas de la mano, conversaciones profundas, cocinar juntos, paseos familiares, cenas a la luz de las velas, oraciones fervientes, servir en la Iglesia, asistir a cursos y salidas con amigos, todo fue parte de nuestro tiempo compartido. Nos conocimos en profundidad, observamos nuestras diferencias y entendimos que éramos un equipo. Pude evaluar si Migue era un hombre dispuesto a obedecer a Dios, a darse por mí y a amarme como yo necesitaba, como Dios me había enseñado que debía ser. La respuesta fue un rotundo sí.

Mi primer dicho hacia él fue: "Yo te creo". A lo largo de los meses, él cumplía su palabra, era congruente y consecuente con su fe y su amor por mí, lo que me llevó a decirle: "Te quiero en mi vida". Nació en mí la convicción de que él era con quien quería compartir mi vida. Dios me había dado a Migue para amarme, protegerme, admirarme, proveerme, cuidarme, respetarme y honrarme. Cada decisión que tomamos juntos fue meditada conscientemente y guiada por la sabiduría de Dios.

El 24 de diciembre de 2021, después de un año y tres meses de noviazgo, frente a toda la familia, Migue me pidió que fuera su esposa. Tres meses después nos casamos, y me casé de blanco, con la inocencia y virginidad de mi corazón intactas. Dios no recicla; nos da todo nuevo.

Quiero compartirte los votos que hice a mi esposo en el altar:

"Yo oré por ti y aquí estás.
Haré cada día un camino de amor de mi corazón al tuyo.

Mi promesa es que quiero verte feliz y haré todo
lo que esté a mi alcance para que lo seas.

Mi promesa es que te quiero en mi vida y
siempre haré espacio para que estés.

Mi promesa es que quiero abrazarte toda la vida.

177

*Mi promesa es respetar tu esencia y motivarte a acercarte
más al Señor, para que llegues a ser la mejor versión de ti.*

Mi promesa es que siempre podrás ver en mis ojos que te amo.

*Mi promesa es hacerte sentir único,
maravilloso e irrepetible todos los días.*

*Mi promesa es que siempre estaré cerca del Señor y me
dejaré enseñar y guiar para ser la mejor esposa para ti.*

*Tienes un corazón de pastor y amas a la gente. Prometo estar
atenta a que el Espíritu Santo me capacite para ser tu ayuda idónea.*

*Te hablaré y oraré por todo lo que el Señor ponga en mi corazón,
para que logremos nuestro propósito en Él aquí en la tierra.*

Mi promesa para ti, Migue, es honrarte, amarte y cuidarte.

*Mi promesa es recordarte cada día que Jesús se hizo
maldición para que tú y yo recibamos bendición, y así
nuestro matrimonio tenga el sello de su amor y gracia
dondequiera que estemos y en todo lo que hagamos.*

*Hablaremos siempre de su amor a un mundo quebrantado,
porque cuando estuvimos rotos, fue su amor lo que nos sostuvo, y todos
los que estén cerca de nosotros sabrán quién es nuestro Padre, quién
nos escogió, restauró, santificó y preparó para este tiempo y momento".*

Comparto algo tan íntimo como los votos que le hice a mi esposo porque reflejan el camino que transité con el Señor, el mismo que he compartido contigo en este libro. No te hablo de algo que no conozco.

Cada día, al despertar junto a mi esposo, le doy gracias a Dios por su vida. Yo le llamo "mi regalo del cielo". El Señor facilitó que Migue llegara en el preciso momento en que mis hijos dejaban el hogar para formar sus propias familias.

Hoy, Migue es el encargado del grupo de hombres en la Iglesia Semilla de Mostaza en Santa Ana, Costa Rica, y juntos servimos en el Ministerio de Parejas de la Iglesia desde que éramos novios. Tenemos el Ministerio Perfectamente Amados en YouTube, Facebook e Instagram, donde abordamos temas de la Biblia aplicados al diario vivir, transmitimos el podcast Fe con Café y damos consejería a matrimonios. El Señor sigue siendo el amor de mis amores, como debe ser, ya que fuimos hechas para Él. Seguimos teniendo nuestros momentos íntimos, y Él sigue siendo mi prioridad. Nadie ni nada le quita el lugar que tiene en mi vida, y Migue y yo le dedicamos nuestra vida y nuestro matrimonio.

Tengo un matrimonio completamente nuevo, pleno y lleno del amor de Dios. Este libro tiene como objetivo que te enfoques en ti misma, en cultivar tu relación con el Señor antes que cualquier otra relación. Cuando Dios te ve, sonríe. Eres su tesoro especial, y mi consejo es que crezcas en tu relación con Él.

Lucas 2:40 dice: "Y el niño crecía y se fortalecía llenándose de sabiduría, y la gracia de Dios estaba sobre Él". Lo mismo ocurre con nosotras, querida amiga. Tú y yo crecemos y nos fortalecemos en Él cada día. Deja que la semilla de la palabra de Dios sea sembrada en ti, y verás los mejores frutos y los mejores días de tu vida.

Nuestra bendecida Ester nos da una lección de vida que debemos imitar. Ella brilló, como su nombre lo comunica, no solo en un momento trascendental para su vida, sino que salvó a todo un pueblo de la muerte y la destrucción. Brilla tú también, lectora, y salva tu vida mientras iluminas a todos los que están a tu alrededor. No te canses de brillar. Deja que el nombre de Jesús sobre ti sea el mejor perfume de amor que emitas cada día, y que ese perfume sea el que atraiga hacia ti al hombre que te va a bendecir y a quien vas a bendecir.

Este libro lo escribí con amor del cielo para ti, porque Dios tenía un mensaje especial para impactar tu vida, amada lectora. No es casualidad que hayas llegado hasta aquí.

Cuando el Señor me habló, indicándome que escribiera este libro porque el espíritu de la novia había llegado a mi casa, lo que quería transmitirte es que ese espíritu no es algo místico ni una experiencia sobrenatural, sino un espíritu como el de mi hija, mi nuera, el mío y el de muchas mujeres de la Biblia, como Ester, Rut y María. Oro porque el tuyo también sea así: un espíritu humilde que escucha el consejo de Dios y lo sigue, que se regocija y deleita en el Señor más que en cualquier otra cosa.

El espíritu de la novia emana de ti cuando vives un proceso de transformación, mediante comunión, estudio de la Biblia, oración y acción. Este proceso cambia tu forma de pensar, y por ende, tu forma de ser y conducirte, tal como lo hizo el embellecimiento de Ester. Es un proceso que transforma tu carácter, tu semblante y tu vida. En ese caminar diario hacia el altar para encontrarte con tu amado, Dios te mira con el amor más dulce, y tú disfrutas escucharlo recitar este poema del cielo para ti:

Pon tu nombre en el espacio en blanco:

> *"Toda tú eres hermosa, _____ amada mía, bella en todo sentido. Ven conmigo desde el Líbano, _____ esposa mía; ven conmigo desde el Líbano. Desciende del monte Amana, de las cumbres del Senir y del Hermón, donde los leones tienen sus guaridas y los leopardos viven entre las colinas. Has cautivado mi corazón, _____ tesoro mío, esposa mía. Lo tienes como rehén con una*

sola mirada de tus ojos, con una sola joya de tu collar. Tu amor me deleita, tesoro mío, _____ esposa mía. Tu amor es mejor que el vino, tu perfume _____ más fragante que las especias. Tus labios son dulces como el néctar, esposa mía. Debajo de tu lengua hay leche y miel. Tus vestidos están perfumados como los cedros del Líbano. Tú _____ eres mi jardín privado, tesoro mío, esposa mía, un manantial apartado, una fuente escondida. Tus muslos resguardan un paraíso de granadas con especias exóticas: alheña con nardo, nardo con azafrán, cálamo aromático y canela, con toda clase de árboles de incienso, mirra y áloes, y todas las demás especias deliciosas. Tú _____ eres una fuente en el jardín, un manantial de agua fresca que fluye de las montañas del Líbano".

Cantar de los Cantares 4:7-15

(Reina Valera, 1960).

Capítulo XII

Caminando hacia el altar

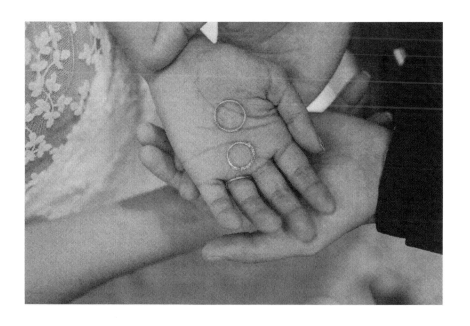

Cuando me preparaba para escribir estas líneas, meditaba acerca de lo maravilloso que es Dios. Probablemente, una sonrisa se dibujó en mi rostro, una sonrisa de agradecimiento por tener a un Padre celestial lleno de amor que cumple hasta los deseos más pequeños de mi corazón. Saber que soy parte de la vida de Karla es uno de esos regalos maravillosos que hoy vivo con alegría. Pero antes de entrar en detalles, quisiera contarte brevemente un poco de mí: soy padre de dos hijas y un nieto; divorciado de mi primer matrimonio después de dieciocho años de casado. A pesar de sostener algunas relaciones complicadas, nunca desfallecí en mi deseo de volver a formar un hogar. Desde niño, siempre soñé con un matrimonio bonito, con una relación que reflejara un amor puro, un amor para siempre. Sabía que ese día, la ceremonia era importante, pero no lo era todo. Sin embargo, mi ilusión era vivir ese momento con una persona muy especial, alguien que amara al Señor tanto como yo lo amaba. Y Dios me lo concedió. Es probable que ya hayas visto en este libro alguna fotografía de la boda. Quiero decirte que ninguna foto o video podría captar la inmensa felicidad que sentí ese día. Cuando caminaba hacia el altar, solo agradecía, y como en una película, muchos de los momentos más tristes de mi vida afloraron, para destruirse con cada paso. Fue por la gracia de Dios que ese día iniciaba un matrimonio nuevo, puro, que hablaba de la grandeza de Dios.

Cuando escribo que muchas cosas pasaron por mi mente, es cierto, y lo bonito fue sentir la sanidad de Dios en mi corazón y mente, preparándome para enfrentar con amor una aventura que día a día es más maravillosa. La razón era mi nueva esposa, pero la razón más grande era que, durante muchos años, me había preparado para caminar hacia el altar con el Señor. Y en ese momento, con esa hermosa mujer frente a mí, el Señor habló a mi corazón y me dijo: "Te amo, Migue, y te amo tanto que te doy este regalo maravilloso". Verla a ella significaba que toda lucha había valido la pena, que todo camino de aprendizaje me había preparado para ese día, para caminar hacia el altar con ella, la mujer que Dios había preparado para ser mi esposa, mi ayuda idónea y quien me ama cada día.

La pregunta es, ¿fue sencillo llegar hasta ese momento? La respuesta es no. Podría esgrimir varias razones y probablemente escribiríamos otro libro, pero quiero dejar claro que, muchas veces, no renunciamos a nosotros mismos ni dejamos que Cristo haga las cosas por nosotros. Buscamos en lugares donde ya habíamos fracasado o en situaciones similares. Nos propusimos conquistar nuestro yo interno, cuando lo que debíamos hacer era rendirnos y dejar que el Señor sanara nuestras heridas y trajera a esa persona que anhelábamos. A veces corríamos buscando; otras veces, simplemente tomábamos lo que el viento traía. Pero el verdadero milagro ocurrió cuando primero anhelamos al Señor y descansamos en Él.

Como hombre, quiero decirles a las mujeres que soy testigo de cómo mi esposa ha dejado de ser ella muchas veces para ser esposa, y he visto cómo eso la ha realizado en su vida personal. Puede parecer paradójico, pero ese es el papel que Dios le dio a la mujer. La lucha hoy en día es discernir las corrientes de pensamiento que desafían a la mujer a salirse de este contexto bíblico, llevándolas a creer que son autosuficientes y que no necesitan a Dios, ni a un hombre que cumpla con tareas que ellas mismas pueden hacer. Sin embargo, sabemos por experiencia que esos caminos, en lugar de acercarnos a una mejor relación, arrancan los valores más profundos de nuestra relación con Dios y con la pareja. Para ser claros e íntegros en este tema, tengo muy claro que Cristo, en su palabra, nos pide cada día amar a nuestras esposas como Él amó a la iglesia. Y eso, queridos lectores, es un proceso de renuncia para nosotros los hombres también. Por lo tanto, estamos como en un partido empatado. No se trata de quién gana en una lucha de egos, sino de que ambos ganen en el amor. Y quien finalmente sale campeón es el matrimonio.

Hay detalles importantes si quieres iniciar el camino hacia el altar. Uno de ellos es, por sobre todas las cosas, poner a Dios primero. Cuando conocí a Karla, lo primero que hablamos fue sobre nuestra interacción diaria con Dios. Nos contamos cómo lo habíamos conocido y cómo Él nos había guiado, a través de buenas y malas decisiones. Para mí, eso fue un clic inmediato, pues era lo que había pedido de una mujer: que amara más a Dios que a mí. Aunque era nuestro primer encuentro, supe que ella era especial. Después de esa larga conversación, cuando acordamos vernos en un café, me sorprendió al invitarme a su casa con sus hijos y su entorno. Para ser nuestra primera cita, no fue sencillo, pero entendí que ella era una mujer de hogar, responsable y que amaba y respetaba a sus hijos, que aún vivían con ella. Aún recuerdo cómo, al entrar en su casa, no sé qué se escuchaba más fuerte, si mis pasos o los latidos de mi corazón.

Algo que quiero comentar es que, aunque mi esposa fue muy simpática, también fue muy clara en lo que hablamos. Para la semana de conocernos, tuvimos nuestra tercera cita, esta vez fuera de casa. Fuimos muy sinceros sobre nuestras vidas, y aunque eran realidades muy diferentes en muchos aspectos, la sinceridad marcó desde ese momento nuestra amistad, noviazgo y, hoy, matrimonio. Cada vez que nos veíamos, surgían nuevos temas y, cuanto más conversábamos, más nos acercábamos. Sin embargo, algo curioso sucedió: ella me inspiraba ternura y respeto. No tuvo que decirlo, pero la cancha estaba muy marcada por ella. No quería nada más en ese momento que conocernos. Eso me dio mucha seguridad, porque ella era una persona con objetivos claros y definidos. Se estaba dando una oportunidad, pero no quería correr y tropezar en el intento, ni empezar algo físico que nos impidiera ver nuestras vidas con claridad y transparencia.

Cuando una mujer es firme en el Señor, puedes tener plena seguridad de que Él le dará los pasos a seguir en una relación. Cuando un hombre es firme en el Señor, puedes tener la certeza de que te respetará y amará en medio de cualquier circunstancia. Debemos hacer caso omiso de las nuevas tendencias y volver a la palabra, siguiéndola con fe y reverencia, pues ahí están claros los roles, lo que evita complicaciones presentes, futuras y recaídas al pasado. Conforme pasaban los días, me di cuenta de que había encontrado una mujer virtuosa, una mujer llena de amor para dar a quien la amara tanto como ella quería hacerlo. Les digo que, para un mes de noviazgo, ambos sabíamos que nos íbamos a casar, porque, primero y por sobre todas las cosas, Dios estaba en nuestras vidas.

Si has llegado hasta aquí en el libro, ya conoces el testimonio bíblico de Ester, has leído sobre Karla y su testimonio, y has leído versículos bíblicos que hablan claramente de lo que Dios quiere para tu vida y tu matrimonio actual o futuro. Te digo algo: no lo pases por alto. Actúa, camina, sigue adelante. No importa lo que haya pasado antes ni lo que estés viviendo ahora. Rectifica y cree en la palabra, porque el Señor es fiel.

Hay detalles importantes que marcan una relación. ¿Conocemos los lenguajes del amor nuestros y de nuestras parejas? ¿Estamos preparados para dar el paso hacia el altar? ¿Amamos tanto a Dios que no estamos dispuestos a cambiar principios ni negociar por cosas que no valen la pena? Estas son preguntas cuyas respuestas encontrarás a través de Dios en tu corazón. Si lo buscas, Él hará todo más claro y sabrás que estás caminando por el camino correcto. La Palabra de Dios será la que defina el camino que debes seguir.

"Lámpara es a mis pies tu palabra y luz para mi camino"

Salmo 119:105 (La Biblia de las Américas)

Mujer, busca a un hombre de convicciones firmes, que ame a Dios, cuyo corazón te permita amarlo sin competencia, un hombre que doble sus rodillas. No te desesperes en esa búsqueda. Ten calma, ten fe, porque si sigues el camino del Señor, ese hombre llegará a tu vida y tendrás paz. Probablemente no sea alto, de ojos claros, con un carro del año, deportista o lo que el mundo denomina un hombre de éxito, pero ten por seguro que, si es un hombre que ama a Dios, será el hombre correcto.

Es importante tener un corazón sano y estar preparada para recibir al hombre que sueñas. Algo que me enamoró absolutamente de Karla es que ella busca incesantemente las respuestas en Dios. Ella se presenta ante Él con un corazón sincero, y por eso me encanta verla en sus espacios con Cristo. Sin dudarlo, es lo más fascinante para mí de una mujer, porque ha aprendido a ser conmigo lo que es con Dios: una mujer amable, de bonitas palabras, con los mejores gestos y las más nobles intenciones. Es una mujer que me inspira respeto y amor puro, una mujer que no deja de sorprenderme porque tiene la capacidad de hacerme sentir amado cada día. Además, logramos reír constantemente, caminar juntos y ser felices en medio de adversidades. Nuestro matrimonio se vive de la mano de Dios cada día.

Gracias, mi esposa amada, por darme este espacio. Gracias por ser intencional cada día. Gracias, Dios, por darme a la mejor mujer que ha llegado a mi vida y por permitirme vivir esta relación tomados de tu mano. Oro por cada mujer que lea este libro, por las mujeres de mi familia, para que el Señor las guíe en la búsqueda de esa relación que desean, y oro para que el Señor me permita ser un hombre de valor ante Él, para respetar y amar a mi esposa hasta que alguno de los dos vaya a morar con el Señor. Hoy te digo que sí es posible, pero es posible si nos aferramos a la fe. Esa fe nos trae perdón y libertad para amar.

Jesús dice en Juan 14:6 *(Reina Valera, 1960): "Yo soy el camino, la verdad y la vida; nadie viene al Padre sino por mí"*. También dice la Biblia en Mateo 6:33 *(Reina Valera, 1960): "Busca primero el reino de Dios y su justicia, y todas las cosas serán añadidas"*. Esto nos indica que primero es lo primero, y lo primero para caminar hacia el altar es caminar hacia Él. Si tienes sueños, busca al Señor con todo tu corazón, inclina tu rostro a Él y verás cómo lo imposible se hace posible. Hallarás paz, esa paz y seguridad de saber que, cuando des un paso tras otro, estarás caminando hacia el altar.

Capítulo XIII

Perfectamente amada

—¡Amor! —me dijo Migue una noche, mientras nos preparábamos para dormir en un hotel, tras dos semanas de un viaje de amor por las románticas costas de Italia.

—Dime —le respondí, adormecida en medio del silencio.

—No quiero dormirme porque te extraño mientras duermo...

Eso es de lo más hermoso que me han dicho en la vida.

Ya han pasado dos años y medio desde que Migue y yo somos matrimonio, y ha sido un tiempo maravilloso. Atrás quedó nuestra etapa de amigos y novios. Hoy, hemos construido una relación basada en el perfecto amor de Jesús en nosotros, un amor sin límites, y no en nuestro amor humano, que es limitado.

Migue no pudo llegar a mi vida en mejor momento. Además de haber tenido que superar pérdidas, rupturas y enfermedades, ahora estoy aprendiendo a vivir sin mis hijos en casa, mientras experimento los cambios hormonales de la premenopausia. Su apoyo en todo este proceso ha sido total; ha sido un instrumento de amor, sabiduría y comprensión en estos años. Para él, soy la más linda, aunque tenga canas; la más guapa, aunque haya ganado unas libritas de más. Sus prioridades son nuestras tardes de café, contemplando el atardecer, nuestras actividades, paseos y proyectos en común, así como los espacios para servir a Dios unidos. Pero también los momentos en que estamos uno al lado del otro, apoyándonos en situaciones difíciles, como la pérdida del papá de Migue o de nuestro consuegro. Del pasado solo recordamos las valiosas lecciones que nos ha dejado.

La noche antes de casarnos por lo civil, tuve un sueño en el que Dios me hablaba y me decía: "Migue es paciente y siempre es amable. Migue no es envidioso ni se cree más que nadie. Migue no es orgulloso, ni grosero ni egoísta. No se enoja por cualquier cosa ni se pasa la vida recordando lo malo que otros le han hecho. Migue no aplaude a los malvados, sino a los que hablan con la verdad". Al final de esas palabras, abrí mis ojos con admiración porque entendí que Dios estaba usando 1 Corintios 13:4-8 para describir a mi futuro esposo. A ese nivel ha llegado la fidelidad del Señor conmigo. Estoy convencida de que mi esposo es un hombre que deja que el amor de Cristo fluya a través de él y se ha convertido en un bálsamo para mi vida. Me ha enseñado a admirarlo por su entrega, sus dones, sus talentos, sus desafíos y sus fortalezas, que ya ni siquiera veo como suyas, sino como nuestras.

Hemos aprendido a negarnos a nosotros mismos por el bienestar del otro. Hemos sido lo que queremos que el otro sea primero, sin esperar nada a cambio. Hemos moldeado nuestra vida juntos, basándonos en acuerdos y respeto. Queremos que nuestro matrimonio refleje a Cristo por dentro y por fuera.

Aquí en esta tierra soy una sola carne con mi esposo. Lo conozco bien. Él es mío y yo soy suya. Nuestro anillo de matrimonio es un símbolo de nuestro nexo, y nuestra entrega diaria es el fundamento de nuestro compromiso. Sé cuándo está emocionado, nervioso o feliz, y cada día a su lado lo conozco un poco más. Cuando él me besa, soy muy feliz; cuando abraza mi mano, aún más; y cuando oramos o adoramos juntos, experimentamos la intimidad más intensa que tenemos. Así debería ser nuestra normalidad con el Señor: una historia de amor diaria.

Nuestra unión se gestó en oración y en el cielo. Sé que, si permites que *el espíritu de la novia*, el espíritu que está en ti por medio del Espíritu Santo, opere en tu vida, verás maravillas en tus relaciones interpersonales, como si fueran días del cielo en la tierra. Reconozco que no es por nuestras habilidades, sino por su gracia y favor, que cada día nuestra vida y matrimonio dan frutos de amor. Sí, somos responsables de nuestro actuar y caminar en Cristo, así como de lo que permitimos entrar en nuestra relación. No estamos cruzados de brazos dejando que "la vida" tome las riendas de nuestra familia. Nosotros nos cubrimos y aprendemos lo que la Biblia dice para aplicarlo, porque entendemos que debemos ser no solo oidores, sino hacedores de la Palabra.

Tenemos un estudio bíblico en casa. Nos tratamos con cuidado y amor, primero porque sabemos que somos amados por Él, y segundo porque hemos aprendido lo valiosos que somos ante Dios. Nos alineamos al plan que Él tiene para nuestra vida juntos. No tenemos reinos separados; tenemos un solo Rey, Jesucristo.

Este vínculo nos ha abierto puertas para participar en programas de radio, podcasts, charlas, consejerías y otras actividades. Dios usa lo que nos ha dado para edificar y multiplicar la bendición en otras personas y parejas. Entendimos que somos seres total y absolutamente imperfectos, pero perfectamente amados, y la constante en nuestra vida y matrimonio es hacer la voluntad de Dios para nosotros y que Él tenga la preeminencia. Dios está antes que Migue, pero mi esposo es el mejor compañero en Cristo.

Lo que comparto en este libro da su fruto cada día en mí como esposa, madre, hija, jefa, consejera, empresaria y en cada actividad en la que me desarrollo. He visto la sabiduría y el consejo de Dios actuar con eficacia y precisión en cada situación en la que lo he pedido. Este es un libro de transformación, diseñado en el corazón de Dios para cambiar tu vida. Te muestra las bases para pasar de donde no quieres estar o de actuar como no quieres ser, a estar donde Dios dice que debes estar y recibir tu verdadera identidad: de pecadora a redimida, de esclava a reina, de desechada a deseada, de perdedora a más que vencedora, de temerosa a mujer de fe, de rechazada a amada y de sola a esposa.

¿Sabías que la Biblia dice que has sido sellada? Hay varios usos para el sello en la Palabra de Dios.

Normalmente, el rey lo usaba como anillo. Ese sello representaba la potestad del rey, y si una carta tenía impresa la estampa real, implicaba que lo escrito poseía autoridad. Faraón le dio su anillo a José como número dos en el reino (Génesis 41:42), así que José fue su representante oficial. Lo mismo ocurrió con Amán, pero el sello le fue retirado y entregado a Mardoqueo (Ester 8:2).

Por otro lado, lo que estaba cerrado y timbrado no lo podía abrir nadie más que el destinatario. Este caso lo vemos con los siete sellos en Apocalipsis 5, donde solo el Cordero inmolado puede abrirlos.

Finalmente, los títulos de propiedad llevaban un sello de autenticidad, como prueba de que la propiedad pertenecía a alguien, como es el caso de Jeremías cuando compra un campo en Anatot (Jeremías 32:9-15).

> *"En Él también ustedes, después de escuchar el mensaje de la verdad, el evangelio de su salvación, y habiendo creído, fueron sellados en Él con el Espíritu Santo de la promesa"*

> *Efesios 1:13 (Nueva Biblia de las Américas).*

Ya tienes un sello de pertenencia; ya no eres tuya. No te perteneces. Le perteneces a Él. Tu corazón, tu vida, tu espíritu tienen su nombre. Este sello, aunque es personal, estás llamada a impartirlo a tus hijos, a tu familia y a tu esposo. Se nos ha dado las arras del Espíritu.

Tienes ese sello que habla de una autoridad delegada por Cristo y que fluye desde tu interior hacia afuera. También tienes una estampa que cubre tu espíritu y que demuestra que tu ser está guardado para Cristo. Satanás no puede ensuciar tu corazón si no se lo permites.

Quiero cerrar este libro con una palabra que Dios me dio hace unas semanas en una reunión de madres con nuestras hijas, donde compartimos joyas de sabiduría. Esto es para ti:

Dice la Palabra que la mujer virtuosa es más valiosa que las piedras preciosas *(Proverbios 31:10)*. También nos cuenta que *"el reino de los cielos es semejante a un mercader que busca perlas finas y, al encontrar una perla de gran valor, vende todo lo que tiene y la compra"* (Mateo 13:44-46 *La Biblia de las Américas*).

Me fascinan las perlas. Pienso que son muy elegantes y realzan la belleza femenina cuando las usamos. ¿Sabías que la perla es la única piedra preciosa creada por un ser vivo? Para que podamos tener una hermosa perla en nuestras manos, debe pasar por un proceso peculiar. En su hábitat natural, la concha recibe un agente externo: una piedra, una basura, un intruso. Ese extraño podría dañarla. Si lo trasladamos a tu vida, pensando que tú puedes convertirte en esa perla preciosa, ese intruso podría ser algo que te ocurrió y te lastimó, el mal que te hicieron o una pérdida irremplazable.

Lo que hace el molusco dentro de la concha es envolver esa amenaza con capas de nácar. Así, reviste lo feo o malo que ha entrado en ella de belleza, hasta que, al cabo de unos seis años de repetir el mismo procedimiento, termina formando una joya de gran hermosura, atractivo y valor. No es algo que ocurre de la noche a la mañana; es un proceso que:

- ♦ Implica la acción de cubrir el intruso con madreperla, con insistencia y persistencia, activamente y a través del tiempo.

- ♦ Requiere paciencia, ya que toma años completar el recubrimiento.

- ♦ Demanda la sabiduría de la naturaleza para lograr una transformación tan preciada.

Lo que era basura se convierte en un tesoro.

Dentro de ti está esa perla preciosa en formación. Primero, al darte cuenta de que hay un intruso llamado pecado, te vistes con la primera capa, que es Cristo. Ese es el fundamento de tu belleza sin igual. Luego, con la sabiduría del Señor, en cada situación difícil en la que sientas que la carne va a dominarte, cubres la situación con dominio propio, añadiendo algo bello a tu corazón. Si recibes un insulto, aplicas capas de perdón y agregas gracia a tu alma. Si hay una afrenta en tu contra, la envuelves con humildad y creces en bondad. Si te sientes débil, te cubres con el gozo del Señor, que es nuestra fortaleza. Así, incrementas tu atractivo. Si alguien te trata con dureza, te vistes de amabilidad y te embelleces cada vez más. Dejas que cada uno de los frutos del Espíritu Santo forme en ti la gran mujer que el Todopoderoso quiere que seas.

Gracias por haber leído *El espíritu de la novia* y por acompañarme en este viaje por la vida de Ester, mientras ilustrábamos con esa historia y otras de la Biblia un poco del corazón de Dios para sus amadas hijas.

> *"Es mi deseo que experimenten el amor de Cristo, aun cuando*
> *es demasiado grande para comprenderlo todo. Entonces serán*
> *completos con toda la plenitud de la vida y*
> *el poder que proviene de*
> *Dios."*
> *Efesios 3:19 (Biblia Nueva Traducción Viviente).*

Comparto el deseo del apóstol al llegar al final. Anhelo que entiendas que no eres cualquier piedra, ni un carbón que puede ser desechado. Puede que te veas como alguien imperfecta, pero, hermosa amiga, eres perfectamente y absolutamente amada por Cristo.

Hoy conoces la verdad. Te motivo a que regreses a leer tus primeras notas y analices cuánto ha cambiado tu forma de pensar desde que empezaste el libro hasta este momento. Dios te está transformando día a día, en cada circunstancia y está formando en ti una piedra preciosa, una joya de un valor incalculable.

Ahora, solo te corresponde brillar.

Epílogo

Y el ángel me pidió que escribiera lo siguiente: "Dichosos los que
están invitados a la fiesta de bodas del Cordero".
Apocalipsis 19:9 (Nueva Biblia Viva)

Me gusta muchísimo cuando me invitan a una boda, siempre que vemos a una novia, sin importar el lugar, el país o el contexto en el que estemos, nuestro corazón se conmueve, se llena de emoción, de alegría, e inevitablemente se dibuja una sonrisa en nuestro rostro.

Cada novia, ataviada con su hermoso vestido blanco, con su peinado y accesorios delicadamente escogidos para la ocasión, arreglada y preparada, nos transmite belleza e ilusión. Con solo mirarla nos causa admiración, como si una luz la rodeara y la hiciera resplandecer a donde quiera que vaya. Y es que todo hombre o mujer, listo o lista para comprometer su palabra con un "sí, acepto" delante de la persona que ama y frente a una nube de testigos, nos representa a ti y a mí. Esa fascinación que provoca el anhelo universal, la esperanza y la firme confianza de que es posible participar en un pacto más alto, un compromiso eterno que nos garantiza un amor para toda la vida, uno que trasciende nuestra humanidad.

Yo quiero un amor para toda la vida y sé que también lo anhelas tú.

"Mi amado es mío y yo soy suya", nos dice el escritor del Cantar de los Cantares. Esa certeza de conquistar ese vínculo de pertenencia perfecta e infalible late en nuestro corazón. La revelación resuena en nuestro interior: la novia en una boda aquí en la tierra es una sombra de una imagen que apunta a algo más sublime, a una realidad gestada en el cielo. Somos tú y yo, mujeres de pacto, con una mirada radiante, ya preparadas, listas y enamoradas, como parte de su Iglesia, la novia del Cordero, vestidas de blanco, atraídas solamente por cuerdas tejidas de puro amor. Damos pasos firmes que nos llevan hacia Jesús, el amado de nuestro corazón, para presentarnos ante Él y nunca más separarnos.

*Una boda terrenal habla
de una imagen celestial.*

La Biblia empieza en Génesis con un matrimonio y termina Apocalipsis con una boda. El novio, Cristo, es el protagonista de esta narración, el Cordero inmolado, quien ha hecho y dado todo por ella para ganarla, sanarla, librarla, cubrirla, limpiarla, salvarla y dignificarla, con tal de estar con ella sin escatimar nada, entregándolo todo, incluso su propia vida, para presentársela pura y sin mancha. Sin embargo, en el clímax de la historia, en medio de la demostración más espectacular de la plenitud de su grandeza, poderío, majestad y perfecto amor por ella, es como si Él diera un paso atrás en la escena para permitir que su novia brille. El amor que tiene por ti es tan inmenso, que ha dispuesto este tiempo para que resplandezcas como parte de su Iglesia en su luz, mientras Él te mira expectante, admirando tu belleza, sonriendo y contemplando cada paso que das hacia Él. Y es en ese instante, cuanto más te acercas, cuando lo miras fijamente a los ojos, estrechas su mano, te acercas a su pecho, escuchas el latido de su corazón que pronuncia tu nombre, y te sumerges en la cálida dulzura de sus brazos de amor, donde todo en la vida cobra sentido. Déjate envolver por Él, que tu corazón sea lleno de quien ha dado todo por ti. Que tu alma se ilumine entendiendo la dimensión del amor que se te ha ofrecido.

Cierra tus ojos y siente el beso del Padre en ti, seguido de una voz que te dice: "Hija, te admiro, te respeto, te apoyo, te bendigo y te amo porque cuando te veo, puedo ver a mi hijo".

Amada amiga, camina confiadamente hacia el altar del encuentro donde ya Él está esperándote. Deja que el Espíritu en ti te enamore más de Él. Dile: "Aquí estoy, ven". Déjalo llevarte de su mano.

El espíritu y la novia dicen: "¡Ven!"; y el que escuche diga: "¡Ven!" Apocalipsis 22:17, (*Nueva Versión Internacional*).

Al llegar a la conclusión de esta historia, en la intimidad de tu corazón, la última escena se asoma: se apagan las luces del cielo, un reflector ilumina el centro del escenario del universo, y empieza la música más hermosa que nunca antes fue interpretada, para que Cristo y tú comiencen a bailar la danza más bella y cercana, cual final de la mejor historia de amor jamás contada. Ante la atención de toda la creación, te encuentras a ti misma en la paz de su mirada, mientras se funde tu espíritu y Su espíritu en uno solo. Ahora dilo con fe, mirándolo frente a ti, sin nada que obstaculice su unión. Sin prisa y con certeza: **"sí, mi amado es mío y yo soy suya"**.

Ahí es donde comienza la verdadera historia de amor de tu vida.

Ahí es donde el espíritu de la novia te encuentra.

Playlist del libro

Amada,

Qué importante es separar nuestro tiempo con Dios sin interrupciones, pero a veces, en el auto, también podemos aprovechar un hermoso tiempo de conexión. Te comparto la siguiente lista de canciones que puedes usar como una herramienta para tus tiempos de meditación o de oración. Cada una de ellas te impartirá dulzura, suavidad, ternura y una caricia a tu corazón. Oro para que sean de bendición para tu vida, como lo han sido para la mía.

Contacto

Querida amiga lectora, te invito a visitar mi página oficial para seguir en contacto:

Tus notas

Made in the USA
Columbia, SC
07 February 2025

52670944R00113